365 dias com Hermógenes

ORGANIZAÇÃO **FREDÍMIO B. TROTTA**

365 dias com Hermógenes

1ª edição

BestSeller

Rio de Janeiro | 2015

CIP-BRASIL. CATALOGAÇÃO NA PUBLICAÇÃO
SINDICATO NACIONAL DOS EDITORES DE LIVROS, RJ

Andrade Filho, José Hermógenes, 1921-2015

A565t   365 dias com Hermógenes / José Hermógenes de Andrade Filho; organização Fredímio Biasotto Trotta. – 1ª ed. – Rio de Janeiro: Best*Seller*, 2015.

ISBN 978-85-7684-953-7

1. Andrade Filho, José Hermógenes, 1921-2015. – Citações. 2. Espiritualidade. 3. Yoga. I. Trotta, Tredímio Biasotto. II. Título.

CDD: 181.45
15-26484   CDU: 1(5-11)

Texto revisado segundo o novo Acordo Ortográfico da Língua Portuguesa.

Copyright © 2015 by José Hermógenes de Andrade Filho e Fredímio Biasotto Trotta

Capa: Gabinete de Artes

Todos os direitos reservados. Proibida a reprodução,
no todo ou em parte, sem autorização prévia por escrito da editora,
sejam quais forem os meios empregados.

Direitos exclusivos de publicação em língua portuguesa para o mundo
adquiridos pela
EDITORA BEST SELLER LTDA.
Rua Argentina, 171, parte, São Cristóvão
Rio de Janeiro, RJ – 20921-380

Impresso no Brasil

ISBN 978-85-7684-953-7

Seja um leitor preferencial Record.
Cadastre-se e receba informações sobre nossos lançamentos e nossas promoções.

Atendimento e venda direta ao leitor
mdireto@record.com.br ou (21) 2585-2002

Introdução

Uma das dádivas que o Universo e seu Projetista Inteligente generosamente me concederam foi a de ser contemporâneo de um desses homens extraordinários e sábios que, de vez em quando, surgem com os atributos necessários à missão de elevar o nível espiritual e melhorar a condição humana.

Outra a mim reservada foi, por uma conjunção favorável de circunstâncias, a possibilidade de acompanhar de perto sua trajetória e, anos depois, gozar da doçura, generosidade e lucidez de sua amizade.

Meu primeiro contato com José Hermógenes de Andrade Filho — o nosso professor Hermógenes — foi ainda na adolescência, através de dois de seus livros.

O tesouro caíra dos céus diretamente sobre meu banco escolar, sob a vestimenta de material didático do ensino fundamental (ginásio, à época): uma obra sobre educação moral e cívica e outra intitulada *Programa de saúde*. Ambas publicadas pela própria Editora Record.

Logo depois teria conhecimento da feliz coincidência: o autor daquelas obras e de outras importantíssimas a que teria acesso — um autêntico mensageiro do Amor, da Saúde e da Paz — era amigo de meus pais!

Portanto, o tempo de começar a sintonizar-me com seus nobres e revolucionários convites, propostas, convicções, e conclames ao autoconhecimento, aperfeiçoamento, à reforma e à transformação, chegara-me cedo. E por duas frentes distintas, uma reforçando a outra.

Com o estudo paulatino da obra de Hermógenes, viria a constatar também que o *tempo*, esse *quando* (no dizer de Vinícius), se apresentava como um *leitmotiv* wagneriano em parte considerável de seus textos. De fato, muitos dos livros — dentre os mais de trinta publicados — ressaltavam a importância do emprego criterioso e dos cuidados diários na administração do tempo para a obtenção da felicidade plena em nossas vidas.

A necessidade de distribuirmos nossos afazeres, deveres e repouso pelas 24 horas que compõem o dia, com um maior nível de discernimento, é outro mantra entoado e observado.

Tempo para o autoconhecimento, tempo para o autoaperfeiçoamento; tempo para nós mesmos, tempo para o próximo; tempo para amar, tempo para Deus; tempo para cuidarmos de nossa saúde e uns dos outros; tempo para viver as paisagens, as ondas bramindo, o mar imperturbável a beijar a areia, o refrigério dos oásis, os pássaros atravessando o firmamento... tempo e poesia; tempo para a paz, tempo para o prazer, tempo para trabalhar... tempo para orar, tempo para refletir, tempo para divagar, tempo para meditar, para se tranquilizar... tempo para comungar com o mundo...

Quando minha editora, Raïssa Castro, acendeu a centelha para esta obra, lançando-me o convite e o desafio de selecionar, organizar e distribuir as valiosas lições de Hermógenes pelas 365 partes (ou 366, a cada quatro translações) de nosso calendário solar ocidental, lembrei-me imediatamente da íntima conexão e do respeito do Mestre por essa grandeza cósmica ainda misteriosa em suas dimensões, o tempo que tudo cria, transforma, destrói e recria. E que nós, humanos, tivemos a *ousadia* de dividir segundo unidades iguais e padronizadas.

Com o incentivo de Thiago Leão, neto e sucessor de Hermógenes, diretor do respectivo Instituto e também nosso amigo, aceitei a honrosa missão.

Enquanto no microcosmo me debruçava sobre as fontes de ensinamentos edificantes e, também, denúncias do autor, das contradições, dos dilemas e de valores equivocadamente cultivados por nossa era, já apregoada e conceituada criticamente por Bauman como a *modernidade líquida*), no macrocosmo, indiferente a meu trabalho e a todos os acontecimentos do planeta, continuavam os planetas do sistema solar impassivelmente constantes em sua dança cósmica ordenada, seguindo a regularidade de suas próprias leis.

A Terra continua em rotação desde tempos imemoriais, à espantosa velocidade de 107 mil km/h. Permaneceu também em sua rota elíptica e sideral, ao redor do sol, perfazendo-a sempre ao cabo de um ano de nossa contagem... imperturbavelmente, no mesmo padrão, à velocidade orbital média de 29,78 km/s. Tudo sem que nós, habitantes, percebêssemos, embora inquilinos dessa morada em constante movimento.

Mas se leis muito rígidas e precisas regem, moldam e toldam o funcionamento do cosmos, o livre-arbítrio que herdamos de nossa autoconsciência — esta outra esfinge até hoje indecifrada pela ciência — nos permite naturalmente escapar de uma trajetória ditada pelo destino e pelas forças físicas surgidas do big bang, possibilitando-nos, através de nossa vontade, esforços e aperfeiçoamentos, dar à nossa vida, auspiciosamente e em nosso ambiente de influência (cada vez maior), um grau mais elevado, uma maior carga de sentido, no rumo da liberdade (com responsabilidade) e da felicidade pessoal e coletiva. Com efeito, cada dia, cada hora, cada segundo de nosso tempo surge com uma possibilidade quântica radiante, sujeita apenas ao nosso grau de preparo e de nosso nível de evolução mental, corporal, cultural, artístico e espiritual.

Daí a missão relevantíssima e redentora de Hermógenes. O *dharma* que, segundo sua constituição e talentos, lhe foi atribuído pela Vida Universal, consistiu em _____. Ensinou-nos mais: que o tempo empregado para resolvermos o *urgente* não deve impedir que realizemos o *importante*.

A mim, coube até aqui, na área da espiritualidade de Hermógenes, me aprofundar e entender suas lições, para reorganizá-las e contribuir — dentro de nosso modesto alcance — para a sua assunção e propagação por nossas gentes.

Assim, em um microcosmo que, como ocorre no macro, deve primar pela ordem e coerência, que critérios utilizamos e por quê?

Na distribuição do ano solar em meses lunares, busquei essencialmente apresentar os últimos por temas que os simbolizam em virtude das datas e feriados neles comemorados ou pela proximidade de algum evento para o qual entendo que a reflexão temática seria benfazeja. A analogia com características das estações também foi utilizada.

Já na repartição dos textos temáticos pelos dias do mês, busquei um certo encadeamento sequencial e, em alguns casos, vínculos ainda mais estreitos entre os textos do autor e as datas comemorativas ou as atividades que normalmente desempenhamos na época respectiva.

Quanto ao grau de certeza, do poder e da lucidez das ideias de Hermógenes — aliás, extraordinariamente bem-vindas em uma era já caracterizada pela falta de rumo, incertezas, declínio das ideologias, corrupção, vazios e muita ansiedade —, quero aproveitar a atenção do leitor para fazer uma breve, mas importante digressão.

Hermógenes sempre sonhou que chegaria o tempo em que ciência e espiritualidade dariam as mãos, encontrando interseções em seus campos de atuação e apontando caminhos comuns para a felicidade individual e coletiva, bem como para a agora urgente — além de fundamental — salvação do próprio planeta em perigo.

Pelo posicionamento similar recentíssimo de renomados cientistas materialistas — todos reconhecendo os inegáveis benefícios de práticas ditas alternativas ou espirituais, sobretudo do Yoga e da meditação, e da busca por valores mais nobres em nossas relações humanas —, vê-se que uma das aspirações de nosso saudoso Hermógenes começa, pouco a pouco, mas alvissareiramente, a se concretizar na forma de uma resposta uníssona da ciência e da espiritualidade para alguns dos questionamentos humanos mais fundamentais em relação ao bem-estar individual e coletivo, aos meios para se alcançar uma civilização mais feliz, saudável, pacífica, sustentável, e espiritualmente elevada. E o que é mais espantoso, preconizando-se o aperfeiçoamento ético-cultural — e não genético — como o caminho e destino natural da evolução, considerada em sua acepção mais técnica e estrita.

Tenho real convicção de que as propostas e reflexões do autor compiladas e organizadas neste livro possuem o imenso poder de, individual ou coletivamente, nos inspirar e propiciar nosso autoaprimoramento e evolução espiritual, a fim de que possamos nos conduzir rumo a dias, meses e anos mais harmoniosos, amorosos, saudáveis, felizes, pacíficos, exitosos, éticos, belos, poéticos e divinos.

Sempre cientes de que a mudança que queremos no mundo passa pela mudança de nós mesmos.

Que o leitor possa deliciar-se com os pensamentos transformadores de nosso eterno Hermógenes.

Fredímio B. Trotta

Janeiro

Paz

1º de janeiro

A Paz só existe no caminho ameno de quem é manso. É a Paz no coração a condição para haver Paz entre as nações. Da Paz de cada um é que pode nascer a de todos. É com a nossa Paz que podemos ajudar o mundo a realizar a sua.

2 de janeiro

O sábio encontra a Paz dentro de si mesmo. Com ela, neutraliza os choques do conflito onipresente, mas felizmente não onipotente.

3 de janeiro

O convite que faço não é contra a violência, mas em favor da não-violência. O convite não pretende vencer algo ou alguém. Não visa a sufocar, esmagar, deter... O que pretendo, isto sim, é promover, desenvolver, aprimorar, purificar, libertar o ser humano, tornando-o veraz, benevolente, compassivo, paciente, sereno, amoroso, altruísta e isento de ódio, ressentimento e maldade.

4 de janeiro

Neste mundo bélico, "lógico", psicodélico, tecnológico, competitivo, erótico, dispersivo, neurótico, violento, pseudoartístico, virulento, tão "normal", tão "intelectual", tão superfície, tão oco, tão agitado, tão louco, tão material, tão hedonista e sem rumo... os poucos que têm Paz são "marginais". Marginalizemo-nos. Mergulhemos na Paz.

5 de janeiro

O convite à não-violência nos leva a sugerir: evite alimentar o menor desejo de que algo ruim aconteça a outrem; nunca pense mal dos outros; respeite a reputação de seus semelhantes, evitando maledicência e calúnia; não faça o menor gesto agressivo contra quem quer que seja.

6 de janeiro

A paz do ser é aquela que substitui o conflito pela harmonia, a cisão pela integração, a dependência pela liberdade, a indigência pela plenitude, a sensualidade pelo amor, a debilidade pelo poder, a vacilação pela firmeza, a ansiedade pelo contentamento, a luta pela paz, e assim o faz por resultar de uma verdadeira transformação evolutiva, de uma válida ascese, que nos abre para a Verdade de nós mesmos (a Verdade do Ser, *Sat*), extinguindo assim a causa suprema de todos os apegos perturbadores, aversões estressantes e todas as formas de fobias e angústias. Tal causa é *asmita*, o ego.

7 de janeiro

É preciso desmitificar o grande embuste: "Se queres a paz, prepara-te para a guerra." Nossa proposta é esta: "Se queres a paz, prepara-te para a Paz!"

8 de janeiro

É preciso que alguém tome a iniciativa e cultive *ahimsa* (a não-
-violência). Se você e eu ficarmos apenas denunciando a violência, em nada melhoraremos o mundo. Se continuarmos apenas
deblaterando pela regeneração dos outros, não realizaremos a
nossa, e o mundo continuará carente de um homem de bem,
de um pacificador.

9 de janeiro

A Paz só poderá acontecer quando, como abnegação e firmeza no rumo da grande Meta, assumirmos os valores que o mundo rechaça como negativos, e simultaneamente rechaçarmos os valores falsos, que o mundo tem escolhido. A paz está para quem perdoa, se humilda, se resigna, se abnega, ora e vigia, ama e serve.

10 de janeiro

Se conseguires Paz, oferece-a aos outros. Mas não venhas a perdê-la com o desgosto por não te entenderem e por te perseguirem.

11 de janeiro

A paz que resulta de *fazer* em nós mesmos — relaxar, meditar, posturas yóguicas, *do-in*, *pranayamas*, *mind-controls*, biodança — é mais segura, mais duradoura, e mais válida por sua característica de autossuficiência.

12 de janeiro

É necessário popularizar a saúde mental através de práticas como a meditação yóguica. A promoção da saúde mental por tais práticas, seja pelo indivíduo, seja pela sociedade, pode reduzir crimes, inclusive *himsa* (violência).

13 de janeiro

Se a maioria dos homens praticasse a ética do Yoga, que em nada é legalista, repressiva, obsessiva, fanática e mórbida, na humanidade reinaria a Paz.

14 de janeiro

O ego impede a paz. A causa única de toda guerra interior, da qual a exterior é mera expressão e fruto, é o ego, este impostor tirânico, que luta, e assim impede que o Ser (Deus, se assim quiser) exerça seu Reino em nós e fora de nós. E tal Reino é a própria e verdadeira Paz, aquela que Cristo mencionou ao dizer: "Deixo-vos a Paz. A minha paz vos dou."

15 de janeiro

Pessoas mentalmente sadias não agridem. Há uma inegável relação entre violência e insanidade mental, bem como entre empatia (capacidade de amorosamente sintonizar com as emoções dos outros) e sanidade mental. Psicoterapeutas e psiquiatras identificam uma base comum em todas as formas de neuroses. Trata-se da egosclerose, que impede a empatia.

16 de janeiro

O convite à não-violência é dirigido a todos os que desejam e amam a paz. Mas que paz? O apóstolo de *ahimsa* — Mahatma Gandhi — esclareceu: "Creio na paz. Mas não a quero a qualquer preço. Recuso a paz que se sente na tumba. Minha não-violência não me permite fugir diante do perigo e deixar sem proteção os seres que amo."

17 de janeiro

Para Gandhi, a independência de seu povo era um fim sagrado, e, por isto mesmo, não poderia ser corrompido pela utilização de meios sujos: violência e mentira. Ainda mais do que a independência de seu povo, ele amava a verdade e o amor — *satya* e *ahimsa*. Para ele, os fins não justificam os meios. Meios limpos devem dar santidade ao fim.

18 de janeiro

A guerra de que o mundo está precisando é aquela em que só se empregam as únicas armas que podem promover a "conversão". Tais armas são verdade e amor. Essa será a guerra que extinguirá a possibilidade de outra qualquer.

19 de janeiro

Se alguém, por uma autoanálise isenta e corajosa, constatar ser uma pessoa violenta, tem a condição básica para tornar-se não-violenta. É a partir de uma autognose, ou melhor, de um diagnóstico de si mesmo, que o indivíduo pode se tratar de um traço ou outro de seu caráter, temperamento ou comportamento.

20 de janeiro

Os gênios que poderiam conduzir o mundo à Paz continuam estrelinhas anônimas, ignoradas, isoladas, inacessíveis... Quando teremos nós, os homens, um céu todo estrelado?

21 de janeiro

Violência que praticamos contra o outro se volta contra nós porque, na realidade, Somos Um. O "convite à não-violência" sugere que se renuncie à covardia da agressão (*himsa*) e não ao amor e à coragem que rechaçam a injustiça e a opressão.

22 de janeiro

Se somos motivados por sentimentos de fraternidade, solidariedade, *ahimsa* (não-violência), bondade, a reação virá para nos fazer mais felizes, sadios, alegres. O retorno é certo — não esqueçamos.

23 de janeiro

Que paz é esta que querem alcançar através da violência?! Que paz é esta com armas de devastação?! Como são tolos os que pretendem impor a paz aos outros e o fazem de punhos cerrados!

24 de janeiro

A Paz nasce de renúncia. Como a esperar de dominadores, conquistadores, cobiçosos, que exploram este mundo? Gostaria que os violentos se convencessem de que não são eles os capazes de instalar a Paz e a Justiça!

25 de janeiro

Gandhi não demonstrou a sua eficácia? Apenas não conseguiu a unidade indiana, pois o fanatismo (violência das piores) não o permitiu. Mas, com não-violência, ele conseguiu a independência da Índia, a qual seria impossível se fosse tentada a histórica solução violenta.

26 de janeiro

É de pasmar que, neste zênite tecnológico, chegado o homem à Lua, ainda sobrevivam rixas, batalhas, terrorismo... A tecnologia levou o homem à Lua. Somente a Paz, que ainda não existe, é que pode levá-lo à Luz.

27 de janeiro

Quando e como terminará a violência na humanidade? Quando o poder passar a ser manipulado por homens isentos de todas as formas de violência. São expressões de violência: a mentira, a ambição, a corrupção, o apego e a aversão, e todas as formas de egoísmo.

28 de janeiro

Analisando o mundo de hoje, descrito nos cabeçalhos, nos livros de escândalo, no cinema e teatro mórbidos, nos conflitos armados, nas nobres, mas frustradas tentativas das Nações Unidas de preservação da paz, sabendo o que todos sabemos acerca de ogivas nucleares e de arsenais de guerra biológica em lúgubre expectativa, vendo o que vemos no submundo do terrorismo, da erótica, da alucinação voluntária, das ondas marcusianas de expansão intuitiva e desagregadora, cabe indagar: que será desta civilização se não for aprendida, já, a lição de Gandhi?

29 de janeiro

Se você tiver como, procure fazer com que os órgãos da imprensa, que formam a opinião pública, que influenciam nos costumes, não deem atenção, espaço e tempo quase exclusivamente (como vêm fazendo) às manifestações do mal — os crimes, os escândalos, os vícios —, às perturbações, finalmente ao que poderíamos chamar de patologia social ou aberração cultural.

30 de janeiro

O Yoga, como método de vida, pode criar as condições necessárias para chegarmos à não-violência.
Yoga, a tecnologia da Paz.

31 de janeiro

A educação que salvará a humanidade é o cultivo da verdade, da retidão, do amor, da paz e da brandura.

Fevereiro

Prazer

1º de fevereiro

Nossos entretenimentos podem nos relaxar e descansar quando forem escolhidos com inteligência. Podem, no entanto, nos agravar a tensão e a fadiga, o tédio e o embrutecimento, se consumidos de qualquer maneira, ou quando nem são escolhidos, porém impostos pela propaganda e pela moda.

2 de fevereiro

O riso espontâneo, "deseducado" e esfuziante arrebenta a velha "blindagem", rasga o "camisolão da austeridade" e liberta a "criança", até então encolhida, escondida, sumida e reprimida pelo cinzento formalismo imposto pela vida "educada".

3 de fevereiro

Sorrir descontrai, solta, ilumina, desengatilha, cura. É como o raiar do sol dando um chega pra lá na escuridão da noite. Deus abençoe todos os palhaços deste mundo.

4 de fevereiro

O que vivemos consumindo pelos ouvidos (sons, música, ruídos, palavras), o que consumimos pelos olhos (imagens, espetáculos, formas, cores), o que consumimos pela pele, pelas narinas, o que consumimos pela mente (conversas, aulas, leituras), finalmente o que consumimos pela alma (sentimentos, emoções), tudo isso tem grande poder de nos manter sadios e tranquilos ou doentes e perturbados.

5 de fevereiro

Ser senhor quer dizer ter controle. Ter controle sobre uma ação significa poder, conscientemente, começar, acelerar, retardar, parar, recomeçar quando quiser, portanto, dirigir a ação. Se perder o controle de seus sentidos, tornando-se um sensual, o homem pode descer aos abismos da infelicidade e da degradação.

6 de fevereiro

Nossos sentidos físicos, em busca de prazer, se comportam como os cavalos que puxam a carruagem. Se não os controlamos, eles se rebelam, pois os animais estão sempre seduzidos por variados prazeres. Manter sob controle os cavalos evita a ruína do carro (nosso corpo), do boleeiro (nossa razão discriminadora).

7 de fevereiro

Consumir divertimentos pode nos distrair, sim. Mas também, nos trair. É preciso ser muito judicioso na escolha de um entretenimento. Há diversões públicas ou privadas que fatigam, exaurem, enervam, até abastardam a mente e a moral. C-u-i-d-a-d-o!

8 de fevereiro

Há inúmeros indivíduos que supõem que a paz resultará da curtição dos maiores *prazeres*, do acúmulo dos maiores *poderes* e *riquezas*, da conquista de elevado *status* ou grande *fama*. Tudo isso é uma desabalada e estúpida fuga neurótica, excitante, passional, dissipadora, alienante, enlouquecedora, dramática, trágica, mas seguramente frustradora.

9 de fevereiro

As multidões estupidificadas contam com uma parafernália de opções para suas fantasias, pois uma "sociedade de consumo" que se preze não perde a chance de engendrar, anunciar e vender "soluções" aos ansiosos compradores.

10 de fevereiro

Quanto mais "proibida pela censura", mais preferida é a película de cinema. A fórmula violência, terror e sexo é a mais comercial e, portanto, a preferida por produtores, diretores e exibidores de filmes. As frases com que tais filmes são anunciados bem demonstram um clamoroso quadro de saúde mental do grande público consumidor. Apregoam o que o povo deseja: violência e erotismo.

11 de fevereiro

Na mesma tela em que, na semana passada, milhares de adolescentes "aprenderam" com os olhos, com o cérebro, com o organismo inteiro, como assassinar ou estuprar uma jovem, nesta semana as crianças recebem uma daquelas maravilhosas mensagens de Walt Disney e saem do cinema felizes e enriquecidas, depois de terem degustado, pelos sentidos, momentos de poesia. O mesmo aparelho televisor que exibe as brutalidades de "*catch*", ou as banalidades do humorismo calhorda, apresenta outros espetáculos ética e esteticamente admiráveis.

12 de fevereiro

A maior transmissora do micróbio do desejo é a potente máquina da propaganda moderna. O ambiente propício ao desenvolvimento maior do micróbio da "aquisitite" é a sociedade consumista.

13 de fevereiro

O remédio mais eficiente para a profilaxia da "aquisitite" é o bendito contentamento. Outro recurso de prevenção é resistir à manipulação da propaganda, e para isso, tenha a coragem de ser diferente e indiferente.

14 de fevereiro

Enquanto a humanidade continuar vivendo para o prazer, cada um procurando adquirir maior poder e maior fortuna, a injustiça não terá fim. Só se agravará.

15 de fevereiro

O sexo quando exacerbado, viciado, pervertido, irresponsável, mórbido e egoísta, de tal forma oprime e tiraniza que nada ou pouco deixa para ser devotado a Deus. Esse é o maior dano que ele pode fazer àquele que se tornou súdito submisso do "império dos sentidos".

16 de fevereiro

Tornou-se *normal* certa casta de profissionais e especialistas instigar à curtição erótica aqueles que as leis perfeitas da Natureza estão isentando ou já isentaram de proezas libidinosas.

17 de fevereiro

Homo eroticus é a casta formada por homens e mulheres que cultuam o orgasmo como o objetivo magno de suas vidas. A prática sexual para eles é tão importante quanto respirar. Temem impotência e frigidez como se fossem "doenças terminais".

18 de fevereiro

Hoje, revistas, vídeos, TV e agora até o computador e espetáculos públicos estão maciçamente investindo na exacerbação sexual, em ritmo de permissividade radical, inoculando as mentes com o vírus de dramática compulsão erótica.

19 de fevereiro

O gozo sensual e vulgar não pode ser antídoto para a angústia existencial. Se assim não fosse, as cortesãs, os milionários, os libertinos não praticariam suicídio.

20 de fevereiro

Quem vive a gratificar os sentidos vai se tornando, pouco a pouco, escravo do prazer. E, cada vez mais, de um prazer *maior*.

21 de fevereiro

O *encantamento*, tecnologicamente produzido, está aumentando dia a dia a multidão estupidificada.

22 de fevereiro

Se ansiedade e frustrações são como fogueira a queimar, as concessões à sensualidade são como a tentativa de apagá-la jogando mais gasolina em cima.

23 de fevereiro

A sensualidade grosseira está vencendo a capacidade de gozar o sutil. Isso causa dores e desequilíbrios.

24 de fevereiro

Os gozadores, os "doce vida", iludidos, dormidos, perdem a oportunidade de existir, pois nada realizam de profundo, de eterno, de válido e grandioso. E, findo o gozo, caem no tédio, no vazio...

25 de fevereiro

Tudo que o egoísmo cria, nutre e amplifica, acima de tudo, busca a satisfação dos desejos. Tais desejos, quando não satisfeitos, detonam a ira, a tristeza e o medo e, assim, inviabilizam o maior fator de equilíbrio, alegria e saúde.

26 de fevereiro

Nossos sentidos são gulosos, insaciáveis. Não adianta soltá-los no pasto da sensualidade para que aplaquem sua fome. Eles sempre desejam mais. E quanto mais atendidos, mais ávidos e exigentes se fazem.

27 de fevereiro

A verdadeira felicidade não é alcançada por atendermos a nossos desejos. Isso sim nos cria um círculo vicioso. Quanto mais tentamos atender a nossos caprichosos desejos, mais nos escravizamos a eles, pois tornam-se cada vez mais exigentes, nunca se dando por satisfeitos.

28 de fevereiro

Dança é coisa séria. Mesmo que não se trate de dança mística ou dança clássica, mesmo a dança despretensiosa dos jovens, do ponto de vista de propiciadora de saúde mental, dança é coisa séria.

29 de fevereiro

Só se pode fazer restrições à dança quando ela, ou por excesso ou degradação, conduz à fadiga ou à excitação erótica. Nesse caso, não é a dança em si o mal. O mal é o uso desvirtuado.

Março

Metas

1º de março

Paz, tranquilidade, segurança, liberdade e saúde são valores universalmente positivos. Quem não os busca? São, portanto, *valores* objetivos. Valem por si mesmos, sem depender do sujeito. Criança ou velho, rico ou pobre, capitalista ou proletário, materialista ou espiritualista, europeu ou africano... todos os seres desejam paz, tranquilidade, segurança, liberdade e saúde.

2 de março

Os valores eternos transcendem a própria morte, pois não estão ligados ao que, em nós, é sujeito à morte. Ao morrer não levamos o que temos, mas o que conseguimos ser.

3 de março

O homem novo é o que elege para meta de sua vida sua própria evolução e a evolução do mundo, que ele ajudará a realizar. Jovem é aquele homem sem medo de mudar. Não se acovarda diante da imensa tarefa de transformar-se e de transformar o mundo.

4 de março

A busca da felicidade através dos *prazeres, afazeres* e *haveres* mundanos tem-se mostrado decepcionante. Somente a realização divina nos liberta da ansiedade e da necessidade. Esta realização não é conseguida senão através de uma autotransformação, de uma evolução nossa.

5 de março

Há dois caminhos, meu amigo: o caminho de ida, das multidões que mendigam ninharias, o crescente mergulhar nos falsos valores do mundo, dos prazeres fugidios, que termina em muita dor; e o caminho de volta, palmilhado por muito poucos, da crescente busca do Espírito imperecível, o caminho para a casa paterna.

6 de março

A fuga é, para os medrosos, pseudosolução. Os decididos a vencer têm de enfrentar.

7 de março

Pecado é errar a direção; é atirar em alvo errado; é querer ir para algum lugar e, por isto ou aquilo, chegar a outro. O grosso da humanidade está em pecado porque os homens, sem pesquisar, estudar e perquirir, se movimentam impulsivamente e no rumo do atrativo mais próximo. Em geral não procuram definir para onde caminhar. Parecem cartas sem endereço, postas levianamente na caixa de coleta. Não se interessam por descobrir o significado da vida nem por que e para que nasceram. Estão desperdiçando o tempo e ocupando inutilmente o espaço de Deus. Feito barcos sem bússola no convés e sem estrelas no céu, vagam cegamente, até que lhes chega a velhice, trazendo as dores e as limitações próprias do melancólico extinguir-se.

8 de março

Meu pecado consiste em não cumprir a incumbência, o papel, a tarefa, a empreitada, a missão, a conduta que, conforme minha constituição pessoal, me estão designados pela natureza, pela sociedade, pelo universo, por Deus. Pecado é andar na contramão da Vida.

9 de março

Temos de travar a batalha para alcançar nossos objetivos, mas desde que sejamos capazes e eles sejam alcançáveis. No entanto, travar batalha pelo inelutável e inevitável pode ser desgastante, inócuo e decepcionante.

10 de março

As amenidades de uma vida mansa e sem crises entorpecem, definham e alienam a alma. Distraída, esta se esquece da meta suprema... Por isso, não tema nem lamente as crises.

11 de março

Àquele que quer chegar, nenhum obstáculo o detém, nenhuma fadiga o retém, nenhum gostoso desvio o conquista... Poderes maravilhosos, hierarquia sacerdotal, seguidores, discípulos e sectários, admiração e adoração de incautos, auréola de santidade, coleção de virtudes, renome, aplausos, puros "acréscimos". O que ele quer, total e definitivamente, é o "Reino".

12 de março

Persiste, irmão. Continua batendo. Bate sempre, a todo instante. A cada respiração, a cada palavra, a cada passo, a cada sonho que tiveres, no que fizeres, ao afagares um gatinho, ao deitares a semente no canteiro, aos escreveres tuas cartas, ao ouvires ou fazeres música, em cada cumprimento, em cada gozo, em cada amargura, onde estiveres, com quem estiveres... lembra-te de que és Deus fazendo algo para Deus. É assim que se bate à porta.

13 de março

Ninguém alcança a verdade se a busca (ou supõe que busca) protegido por semiverdades anquilosantes. Somente os que ousam mergulhar na pesquisa, em plena e corajosa liberdade, conseguem alcançar a Verdade que liberta.

14 de março

As grandes metas exigem métodos inteligentes, apropriados. Meta é o objetivo. O método é o caminho para ele.

15 de março

Descobri que a persistência, quando isenta de ansiedade, que a empolgação serena, que sempre tentar mais uma vez, evitar tensão e impaciência, ter certeza na conquista da meta e concentração inteligente sobre aquilo que se faz são *condições* indispensáveis para o candidato à saúde, à paz e à felicidade.

16 de março

Se conseguimos unificar nossos sentimentos, pensamentos, anseios, convicções e motivações, tornando a palavra a fiel expressão dessa unidade interior, então, se só pedirmos e só procurarmos o que é sábio e puro, belo e verdadeiro, libertador e auspicioso, e só batermos na porta correta, nosso pedido será atendido conforme a promessa, e será o melhor pedido. Quando isso acontecer, poderemos dizer que foi *em nome do Cristo* que pedimos ao Pai.

17 de março

Vida nas células e nas galáxias.
Vida nas folhas, nos insetos, nos pássaros, abelhas, peixes, vermes...
Vida no chão, nas águas, no espaço azul.
Vida na pedra, na fumaça, no fogo, na luz.
Vida nos olhos.
Vida no que os olhos veem.
Vida no que penso, sinto, desejo e faço.
Vida visível.
Vida oculta.
Vida que dá vida aos vivos.
Vida que dá vida aos mortos.
Você já se sentiu vivo?!
Quero dizer: você já se sentiu vivendo em tudo isto?!
Já viveu que você é tudo, tudo que vive?
Se ainda não viveu, procure viver.
Não há maior liberdade, nem mais profundo amor, nem felicidade maior do que *viver* a *unidade* imanente na Vida.

18 de março

A busca a ser feita é para o interior, pois o Reino de Deus está dentro.

19 de março

A religiosidade primitiva é fanática. A evoluída é lúcida. A religiosidade primitiva é sectária e diz: "Só é verdadeira a minha religião." A evoluída é tolerante e diz: "Toda religião sincera conduz à Meta."

20 de março

A religiosidade primitiva busca um céu depois da morte. A evoluída deseja dar felicidade a todos aqui e agora.

21 de março

Tomara que não demore a tornar-se ontem o tempo em que teóricos, teólogos, eruditos, crentes, fanáticos, sectaristas, de tanto esmiuçarem seu particular caminho, preocupados em provar ser o único, perdem de vista a Meta a que todos os caminhos conduzem. Maravilhoso será o mundo quando as muralhas da vaidade arrogante e dos interesses paroquiais desaparecerem, possibilitando aquilo que Deus é: Unidade.

22 de março

A sede natural de plenitude, que revela nossa carência existencial, impõe-nos uma corajosa e inquebrantável busca no eterno insondável, uma bem-aventurada caminhada para o encontro do Divino em nós.

23 de março

A condição essencial para a vitória é um processo prévio de des-ilusão, des-encanto, des-mistificação, des-engodo... Só assim podemos iniciar, com eficiência, a busca da Libertação, da Salvação, do Viver em Deus.

24 de março

A re-ligação do homem é um processo evolutivo, que teve origem em um ponto muito remoto, na origem do tempo, no berço do espaço, e vem se completando, no sentido de que cada homem re-ligue sua humanidade pessoal à humanidade pessoal de todos os outros, e que todos encontrem, nessa fusão, a Unidade íntima com o Homem Cósmico, que essencialmente é Presença em todo coração.

25 de março

O mais excelso objetivo de um religioso qualquer — não importa a sua religião — é chegar a uma compaixão irrestrita, com a renúncia de si mesmo, sem o que não há como se religar a Deus.

26 de março

São processos eficazes para atingirmos a meta e encontrarmos Deus: oração sem egoísmo; ação sem egoísmo; meditação sem egoísmo; a repetição incessante do nome de Deus (pronuncie aquele de que mais gosta), mas sem egoísmo; relaxamentos sem egoísmo; leitura de livros que falem de Deus; conversas com pessoas que busquem e amem Deus; cultos em sua igreja, seja ela qual for; caridade. Tudo isso sem egoísmo.

27 de março

A união (*yoga*) com o Ser que potencialmente somos é nossa Meta Suprema. Para conquistá-la é que estamos aqui. Pode haver objetivo mais glorioso e mais digno que nos deificar, nos cristificar, nos plenificar? Esse é o nosso destino cósmico.

28 de março

Hatha Yoga etimologicamente quer dizer Yoga do *sol* e da *lua*, tendo por objetivo o aperfeiçoamento do corpo e da mente e a utilização das imensas potencialidades que dormem no homem e que ele desconhece.

29 de março

É essencial que exista alguém — algum Dom Quixote generoso — a tentar *despertar consciências*. Reconheço que é tarefa árdua, dramática, igual àquela em que o pobre fidalgo de "La Mancha" enfrentou, querendo vencer os moinhos de vento. Os dele eram imaginários. Os nossos moinhos que queremos vencer são aqueles que estão, até agora impunemente, triturando as mentes medíocres das multidões deste mundo.

30 de março

A mudança social só será justa quando for promovida por homens evoluídos.

31 de março

Chega uma hora em que temos de optar: aferramo-nos dramaticamente ao ego inferior ou procuramos fundir-nos no Divino.

Abril

Fé

1º de abril

Crença é algo que pode se iniciar de imediato, mas somente no plano da mente. Fé é um processo continuado e progressivo que envolve o plano total da vida. Fé é uma conquista através de um caminhar evolutivo e sacrificial, que nos impõe disciplina, renúncia, obediência, austeridade.

2 de abril

A crença e o dogma são como o engatinhar, isto é, por algum tempo são necessários. Mas que não venha impedir-nos de levantar e caminhar.

3 de abril

Dizer que "a fé move montanhas" é uma forma eloquente de proclamar que a plenitude da fé produz milagres que curam incuráveis, sanam insanáveis, evitam inevitáveis, revertem irreversíveis, solucionam insolúveis... Para a fé não há intransponíveis, invencíveis... Por quê? Porque, tendo fé, o homem alcança a luz da onisciência, mobiliza toda força da onipotência e desfruta a bem-aventurada onipresença de Deus.

4 de abril

Ter fé não se expressa por palavras, mas por atitude psicológica, por sentimentos, obras e ações.

5 de abril

Manter a mais perfeita convicção de que Deus sabe o que faz é, no meu entender, a mais verdadeira e amadurecida forma de ter fé.

6 de abril

Muito mais próximo de Deus está um ateu honesto e solícito em socorrer o necessitado do que um clérigo, pastor, conferencista espírita ou monge muito rezador e pouco sincero.

7 de abril

A transmigração é a crença mais antiga e aceita pela maioria da humanidade. A tese oposta, a do criacionismo, diz que nossa alma nascente, doente ou sadia, destinada a padecer ou viver bem, é criada assim por Deus, e, após a morte, é levada a um destino definitivo e eterno de sofrimento ou gozo, sendo este eterno padecer ou gozar conforme uma única oportunidade existencial que teve, segundo tiver usado o livre-arbítrio, para aproximar-se de Deus e salvar-se ou dele afastar-se e condenar-se.

8 de abril

Todas as religiões são válidas, são boas e ajudam, desde que o indivíduo não dê mais importância às exterioridades religiosas do que à sua própria evolução, desde que não criem *fanatismo* e *sectarismo*.

9 de abril

Acredito em um céu que não é eterno, mas temporário e formado pelo conjunto dos pensamentos, pelas imagens, finalmente por todos os efeitos bons do bom carma de alguém, que pode estar ainda no uso do corpo, ou já o tenha descartado. Nesta condição de felicidade, que corresponde à justiça, ao credor de um bom carma, isto é, carregado de méritos por ele mesmo acumulados, nisso eu também não creio. Não *creio* somente. Tenho *certeza* de sua existência.

10 de abril

Obrigado, Senhor, pela compreensão de que devo Te agradecer por tudo, tudo mesmo.
"Bendito o que vem em nome do Senhor", mesmo que seja a dor.

11 de abril

Em hora oportuna, para evitar que os homens façam maiores estragos, provoquem destruições, misérias e catástrofes, para corrigir os transgressores e proteger os justos, isto é, aqueles que se conduzem segundo a Lei Eterna, o próprio Senhor Supremo do Universo (*Ishvara*) assume um nascimento humano, isto é, desce à condição humana como *Avatar* (literalmente, "descida"). O *Avatar* é a misericordiosa intervenção divina, ao longo das *yugas*, com o objetivo de resgatar a Lei, penalizar os perversos e proteger os justos. Finalmente, o *Avatar* vem promover e orientar a evolução, reconduzindo a humanidade a plenificar seu infinito potencial divino.

12 de abril

O Cristo, por misericórdia, se fez homem para ajudar o homem a fazer-se Deus.

13 de abril

Jesus e Gandhi são exemplos daqueles que transcenderam a miopia espiritual que faz do homem um egoísta. Realizaram a maior sabedoria.

Buda também sofreu profundamente com o sofrimento dos outros. Dedicou sua vida à busca de uma solução. Com autossacrifício radical e total devotamento, encontrou-a e a ensinou.

14 de abril

Jesus é muito explícito. Ele diz onde podemos encontrá-Lo: no faminto, no sedento, naquele recém-chegado de outras terras, no que não tem com que se vestir, no enfermo, no encarcerado, no deprimido, no ansioso, no injustiçado, em todo sofredor, em todo neurótico ou carente.

15 de abril

Quando Cristo curava era o Logos ou Deus, com seu poder infinito, zerando dívidas decorrentes dos *pecados* cometidos; dívidas geradoras do infortúnio (cegueira, surdez, paraplegia, hemorragia crônica e inúmeras outras enfermidades). A ilimitada misericórdia curava o infortunado, mas severa e oportunamente recomendava não voltar a errar.

16 de abril

Parece que Ele deseja que nos mantenhamos serenos, impávidos, lúcidos e confiantes, ainda quando, sem rumo, em fim de tarde de aguacento frio, estamos tentando, sem conseguir, sair do matagal e voltar para a segurança e o conforto da casa.

Parece que Ele quer que, atentamente, sem protesto, sem autopiedade, sem queixumes nem lamúrias, corajosamente coloquemos ao ombro a cruz que nos cabe carregar.

Parece que Ele nos quer de costas para os falsos tesouros do mundo efêmero, mas sempre ambicionando os tesouros de validade eterna — os do Reino.

Parece que Ele nos quer ajudando os excluídos, sem desejar recompensas e, ainda mais, sem nos pavonear de caridosos.

17 de abril

Parece que Ele nos quer atentos e empenhados no hoje, deixando pra lá as pegadas do ontem e as preocupações com o amanhã.
Parece que Ele nos deseja empenhados em saciar a fome e a sede de justiça que tanto escurecem e fazem sofrer este mundo.
Parece que Ele nos quer misericordiosos, a sentir em nós o sofrimento ou a alegria dos outros.
Parece que Ele nos quer mentalmente vacinados contra os vírus que normalmente infestam a mente, tais como a hipocrisia, a violência, a impureza, a ambição, a corrupção, o medo, o orgulho, a maledicência, o desamor, a crueldade, a improbidade, a venalidade...
Parece que Ele quer que O vejamos no deprimido e triste, no faminto, no sedento, no desabrigado, no doente, no aflito, no excluído, em todo aquele que sofre, e os socorramos como nossa melhor forma de servi-Lo e amá-Lo.
Parece que Ele nos quer derrubando as muralhas do ego pessoal em prol do Amor sem fronteira e atemporal...

18 de abril

Se o Cristo não conseguir nascer em mim, Jesus terá nascido, ensinado, exemplificado e sofrido em vão.

19 de abril

O verdadeiro discípulo de Cristo assume a existência. Busca a Essência, mas sem desprezar a existência. Cristão genuíno não foge. Mas também não é um obcecado pelo gozo a qualquer preço.

20 de abril

Bem-aventurado o dia em que o homem conseguir deixar de ver-se como uma ilhazinha frágil e má, e descobrir que sua essência — Deus — é a mesma nele e em todos, até mesmo naquele que julga ser seu adversário. Só então se poderá entender Jesus dizendo "Amai os vossos inimigos"; "Tudo que quereis que os homens vos façam fazei-lhes também vós a eles".

21 de abril

Muita gente ainda pensa que Deus não está em nós, mas nos altares, em milênios e séculos recuados, em um universo inacessível. Deus assim seria mesmo inacessível, por estar muito longe e ser totalmente diferente de nós.

22 de abril

A verdade é que, de todas as vítimas do irresponsável, a mais prejudicada é ele mesmo. Se a justiça dos homens, pelo menos por algum tempo, pode ser driblada e preterida pelos "golpes" e truques, a Justiça Divina, que está presa à própria lei da Vida, é infalível e vai alcançar o culpado, mesmo que ele procure esconder-se no fundo do mar ou nos espaços siderais. Nenhum monte de dinheiro, nenhuma arma ou armadura consegue evitar que o indivíduo responda pelo que fizer.

23 de abril

Imaginamos Deus um pai e nós seus filhos. Isso não é errado, mas o fato é que antropomorfizamos Deus, ou seja, atribuímos a Ele sentimentos, desejos, opções, emoções, e mesmo paixões e atos típicos do homem (*antropos*).

24 de abril

A gente não pode escutar Deus enquanto se vê ansiosa e preocupada, enquanto queixosa e inquieta, distraída, consumida e enevoada em conflito, finalmente, ensurdecida por pensamentos e sentimentos egocêntricos. Só quando em relaxamento, total e irrestritamente entregues ao Pai, conseguimos firmar nossa condição de filhos, oferecendo-nos docilmente a Seus desígnios, produzimos o silêncio que nos permite ouvi-Lo.

25 de abril

Quando alguém atinge aquele estado de consciência no qual se arrepende de todo mal antes praticado e que está agora germinando sofrimento, quando em sua mente aconteceu o milagre libertador chamado *metanoia*, isto é, a total transmutação mental, pela qual a mente dá uma virada de 180°, do mal para o bem, do apego para a renúncia, do ódio para o amor, da crueldade para a benevolência, do orgulho para a humanidade, da insanidade para a santidade, da ignorância para a sabedoria, da treva para a luz, finalmente, quando realiza a conversão ou convergência para Deus; atingiu a condição de receber o que Deus nunca lhe negara — Sua Graça, Sua Redenção.

26 de abril

Nossa mente é como um copo. Umas pessoas têm seus copos voltados de boca para cima. A maioria, porém, os tem voltado para baixo. Aquelas estão abertas à Graça, e por isso recebem-na em abundância. Estas se fecharam, e é impossível recolher a Graça que está sempre jorrando.

27 de abril

Na vida prática também acontece que aquilo que não conseguimos fazer ou lembrar, resolver, compreender, superar, aprender, curar, achar... quando nos encontramos ansiosos, afobados, aflitos, preocupados... conseguimos quando relaxados, abrandados, tranquilos, calmos, quietos, física e psicologicamente entregues a Deus.

28 de abril

É inegável que quem tem uma crença, uma convicção, um objetivo de vida, desenvolve imunidade, resiste à doença e à morte. Mas quem as tem e, além disso, ora, mentaliza, medita, pratica *yajna* (sacrifício), *japa* (repetição de mantras), *namasmarana* (recitação do nome de Deus e mentalização de uma de suas "formas"), está abrindo caminho da *superação* maior — *yoga* ou realização do Divino Logos.

29 de abril

À medida que se galga um maior grau de consciência, as noções mais primitivas que se fazem da Divindade vão sendo deixadas para trás, para as mentes que ainda as aceitam. E as noções mais altas, as mais libertadoras e grandiosas, as menos antropomorfizadas, vão sendo alcançadas somente pelos que mais se aprofundam em ciência, em filosofia e meditação.

30 de abril

Dentro do alcance de minha inteligência, cabe-me deliberar, fazer planos, escolher direções, reunir meios materiais, mobilizar amigos e começar a agir. Sou responsável pela ação. Devo fazer esforço, como se tudo dependesse de mim, mas devo aceitar que, se eu estiver errado, Deus me salvará lançando um obstáculo ou insucesso à minha frente. Entrego, confio, aceito e agradeço!

Maio

Trabalho

1º de maio

O homem pode aproximar-se de Deus pelo trabalho quando, ao executá-lo, se sentir não como o autor da obra, mas, ao contrário, se colocar mentalmente na condição de simples instrumento nas mãos de Deus. Não se considerar merecedor de prêmios ou elogios pelo bem que vier a fazer. Esta é a atitude mais apropriada a fazer do trabalhador um homem inteiramente feliz (valores eternos, espirituais).

2 de maio

Para se tornar em açúcar, a cana padece corte, prensa, fervura... É a duros golpes de cinzel que o escultor consegue tirar do grande bloco rude de pedra a beleza da estátua. O pódio exige muito esforço, denodo, renúncias, disciplina do atleta.

3 de maio

É muito comum confundir agitar-se com produzir. A ação inteligente é serena, mas firme. O homem criativo é sereno e não vive apressado, a sacudir-se aqui e ali, a correr trepidante de um lado para outro, manejado pela afobação infecunda, fatigante e nervosa.

4 de maio

O homem sábio é eficiente sem ser agitado. E sabe tirar proveito do repouso quando necessário. O homem insano ou não trabalha ou se agita demais.

5 de maio

O homem agitado, excessivamente trabalhador, se não se cuida, acaba se tornando excessivamente "trapalhador".

6 de maio

Pecado é borboleta tentar fazer o trabalho de elefante e elefante pretender imitar borboleta. A Lei reserva para cada um sua exata missão. Quando cada ser cumprir seu particular dever, reinarão felicidade e harmonia em cada um. Em tudo. No todo.

7 de maio

Cumpra sua partitura e a grande orquestra produzirá sinfonia. Desrespeite-a e será responsável pela resultante disfonia. Cumpra seu dever perante a Vida e teremos o cosmos. Negue-o ou desrespeite-o e você criará o caos.

8 de maio

Você que trabalha toda a semana, e, às vezes, em mais de um emprego, tem o direito e mesmo o dever de descansar. Descansar nem sempre é somente ficar parado, de "papo pro ar", sem nada fazer, em um ócio estagnante.

Podemos repousar muito bem ao fazer algo diferente do que comumente fazemos. O intelectual pode descansar ao trabalhar a terra; um operário de trabalho manual pode descansar com uma boa leitura. Há horas em que somente o sono nos descansa.

9 de maio

Satya Sai Baba, que milhões adoram como Avatar ou Encarnação Divina, ensina a maneira mais sábia e eficaz no emprego de nosso tempo.

Sugere que dividamos as 24 horas do dia de forma que dediquemos: seis a nós mesmos; seis para servir ao próximo; seis a Deus (oração, meditação, louvor, culto, adoração, estudo das escrituras...); e seis ao repouso.

Não devem ser períodos rigorosamente separados, estanques. Em dado instante, enquanto trabalhamos para nós, devemos conceder-nos momentos de repouso e lazer. Noutro período, ao estarmos servindo ao próximo com a caridade, estamos também cultuando Deus. Ao orarmos, isto é, enquanto nos devotamos a Deus, estamos agindo em proveito nosso.

10 de maio

Empenhar um quarto de tempo em repouso é uma necessidade, uma determinação biológica. Os homens, por mais animalizados que sejam, são como que obrigados a repousar.

11 de maio

Conta uma parábola que um homem encontrou três trabalhadores martelando pedras de granito. Aproximou-se e perguntou a cada um o que estava fazendo. O primeiro respondeu: "Estou desbastando esta pedra." O segundo: "Estou ganhando o sustento para minha família." O terceiro, solenemente, respondeu: "Estou construindo uma catedral." O primeiro era um ser primitivo e ignorante. O segundo, um homem prático e respeitável por sua responsabilidade perante a família. O terceiro, que estava fazendo exatamente a mesma coisa que os dois, era um idealista, um sábio.

12 de maio

Pelo trabalho o homem se constrói, exceto quando aquilo que faz ou executa prejudica os outros. É o caso de lembrar que os ladrões também "trabalham". Os traficantes de entorpecentes e fabricantes de bebidas e cigarros também trabalham, mas o fazem destruindo a humanidade.

13 de maio

Qual o trabalho mais digno e o cargo mais alto? Será o governante mais merecedor de respeito como trabalhador do que o gari que limpa as ruas? O que dá maior dignidade ao trabalho é a atitude mental do trabalhador, e a maior honestidade com que age.

14 de maio

A caça ao dinheiro, a ânsia pelas propriedades, a sede pelas posições mais altas na sociedade, na política, na ciência, nas finanças, nas artes... consomem quase todas as energias e os talentos divinos que Deus confiou a todos.

15 de maio

Se para conseguir uma coisa a gente tem de mentir, de trair, de enganar, de praticar crueldade, de esmagar alguém... essa coisa é tão podre quanto os meios e modos de consegui-la. E sabe de uma? Ninguém é feliz e vitorioso, ninguém está seguro e forte, na posse de uma coisa podre.

16 de maio

Intelectuais, publicitários, dramaturgos, artistas, ricos de talentos, estão, infelizmente, não construindo, mas destruindo valores morais, princípios éticos e até mesmo a saúde mental de multidões que se deixam manipular e conduzir. É uma calamidade para ambos os lados: para os manipulados, que somem e se consomem na mediocridade imbecil, e para os manipuladores, que se comprometem, assumindo dívidas imensas com o verdadeiro Dono dos talentos. Para estes, "choro e ranger de dentes" ainda são amenidades. Tenho pena de todos.

17 de maio

Artistas, cientistas, estadistas, empresários, intelectuais, líderes de todas as áreas, ricamente dotados, verdadeiros gênios, ainda hoje, em seu proveito, em proveito de seus partidos ou de suas famílias, e em frontal detrimento do Senhor, continuam a utilizar seus dons e dotes para perturbar, explorar, esmagar e destruir a Paz, a Liberdade, a Saúde, de milhões de seres humanos.

18 de maio

Indivíduos que levam uma vida de falsidade, tirando proveito da hipocrisia, utilizando-se da mentira, aplicando golpes, insistindo em faturar mais, mas naquela base "Se ninguém vê, se posso esconder e disfarçar, se consigo fraudar, por que ser honesto, cumprir com meu dever? Por que não aproveitar?", se iludem supondo que vivem bem com o produto de seus crimes.

Na verdade, vivem vítimas do medo, castigados pelo estresse, assustados com a possibilidade de virem a ser descobertos e terem que pagar por seus delitos.

Isso é vida? Vale a pena ficar sempre em alerta, sem sossego esperando o golpe da justiça?

19 de maio

Se você é daqueles que conseguem subir exatamente porque arrasta para baixo os outros que competem ou que lhe estão à frente, mude. Mas mude mesmo.
Não pode haver vitória definitiva assim. Ninguém atinge o melhor empurrando o pior para os outros.
Não se iluda com aparentes vitórias iniciais.

20 de maio

Visando defender seu maior patrimônio, a saúde, descubra um motivo muito elevado, muito nobre para nele empenhar sua existência; encontre um grandioso ideal a perseguir; ache uma tarefa importante e mesmo essencial a cumprir; defina um papel sublime a desempenhar no imenso palco da vida; isso aumentará a sua vitalidade e poder imunológico. Quem tem algo muito significativo a fazer não se entrega à doença e à morte.

21 de maio

O homem "normal" aí está, a revolver-se nos opostos da existência, a neurotizar-se entre excessos de gozo fácil nas supostas vitórias, e a cair em depressão nas pequenas quedas que a vida impõe.

22 de maio

A Bhagavad Gita insiste em que, evitando a imobilidade ou a deserção do contemplativo, travemos a batalha, mas na condição de des-iludidos. Trabalhar é nossa obrigação; é aquilo que o Senhor requer de nós. Nestes termos, não podemos nos alienar do mundo, mas isso não implica que nos alienemos de Deus.

23 de maio

Os ignorantes, egoístas e materialistas empenham quase todo o tempo no preenchimento de seus desejos de *posse* e *prazer*. Até o repouso é visto como algo que atrapalha, que impõe suspensões inoportunas ao trabalhar e ao gozar. Tempo para Deus... absolutamente nenhum. Tempo para o próximo? Que é isso?! O próximo é aquele que estiver ao alcance da mão para ser explorado como um meio de se ganhar mais e mais intensamente curtir.

Que desequilíbrio! Infelizmente, é o que mais se encontra.

24 de maio

Uma das coisas que mais nos adoece é agitar-nos demais em trabalho excessivo. É trabalhar avidamente, sem parar, sem repousar, sem férias. Outra coisa que nos adoece é exatamente o oposto, o não trabalhar, o ficar inerte, preguiçosamente, inutilmente. A inércia é causa de enfraquecimento e atrofia. Para ter saúde física e mental, trabalhe bastante, mas não demais. Trabalhe, produza, mas também repouse.

25 de maio

Lado a lado com o negócio devemos curtir o indispensável ócio. O ideal é viver entre o ócio e o negócio.

26 de maio

Há gente adoecendo porque não faz nada, por preguiça por inércia... parecendo pântano pestilento.

Há gente adoecendo porque, ao contrário, se agita demais, porque parece que quer ficar rico em pouco tempo e se esfalfa na febre, na luta, em busca de lucro ou posição.

A saúde e a paz só se encontram no meio termo, no caminho do meio.

27 de maio

É natural que tenhamos todos de desenvolver uma atividade profissional lucrativa, que chamamos de nosso negócio, e se falhamos nisto, criamos dificuldades para nossa família e para nossos semelhantes de maneira geral. Se negligenciarmos o negócio e entrarmos no ócio, poderemos perder a própria saúde. O negócio, no entanto, não deve ser o mais importante e essencial em nossas vidas.

28 de maio

Se por quaisquer circunstâncias você estiver desocupado, vendo monótonos dias se arrastarem morosos e improdutivos, se o "fazer nada" estiver enchendo-o de tédio, recorra àquilo que é chamado de terapêutica ocupacional ou ergoterapia. *Ergo* significa trabalho. Assuma a responsabilidade por um afazer qualquer.

29 de maio

Ocupe seu ócio com o servir a Deus, na pessoa de seu próximo. Isso sim é solução. Ofereça ao Senhor Supremo o fruto do seu agir. Não se reconheça credor de retribuições. Esta é a mais eficaz terapia ocupacional.

30 de maio

A "Revolução Jovem" fará de cada qual um idealista. O jovem, isto é, o homem moralmente evoluído e mais próximo de Deus, se libertará da atitude estreita. Será um idealista, a construir um mundo melhor (sua catedral), mesmo que não passe de um ginasiano nas primeiras séries. As noites que ele passar em companhia de seus livros não serão dedicadas simplesmente à obtenção de uma boa nota na prova. Isso é "quadrado". Ele se dedica aos deveres com a convicção de que está contribuindo para a evolução de si mesmo, para o desenvolvimento e segurança da Pátria, e em prol da paz para a humanidade. Seu trabalho, portanto, tem dimensões novas, tem uma atitude nobre, que o ajudará a vencer.

31 de maio

Os "bons administradores" são os líderes que usam seus talentos para a promoção do Bem, da Justiça, da Paz, da Sanidade, da Fartura, da Harmonia, da Segurança, mas principalmente do processo evolutivo daqueles sobre os quais têm influência.

Junho

Aperfeiçoamento

1º de junho

Nossa vida inteira é fazer escolhas, uma após a outra. Para nos defendermos contra sofrimentos e frustrações é indispensável prudência, muita prudência, em cada escolha.

2 de junho

O cérebro de quem não estuda não especula novas teorias, não atualiza seus conhecimentos, é cérebro desativado e se deteriora mais cedo. A sabedoria popular diz e a ciência comprova que o exercício faz o órgão.

3 de junho

Erga a cabeça, mesmo que a dor o queira vencer. Faça seus olhos brilharem. Tenha sempre um sorriso nos lábios. Substitua seus ais pelas notas de qualquer musiquinha animada. Não peça. Ofereça.

4 de junho

Quem quer ficar bom não fica assim, sempre a esmiuçar e descrever sintomas. Quem quer ser feliz não fica assim, em lamentos constantes. Para teu bem, evita lamúrias.

5 de junho

Desconfie do valor excessivo que até agora tem dado a algumas pessoas, objetos, situações, afazeres, ideias, convicções, passatempos...

6 de junho

Se você quiser continuar senhor de si e ganhar condições de ajudar aos outros, negue-se à vulgarização, tendo a coragem de ser diferente.

7 de junho

Quando eu disse ao caroço de laranja que dentro dele dormia um laranjal inteirinho, ele me olhou estupidamente incrédulo.

8 de junho

Por uma lei cósmica *infalível*, nós nos tornamos e passamos a ser aquilo que admitimos e afirmamos ser.
É verdade que uma autoimagem marcada de energia, vitória, paz, sabedoria, alegria, bondade... desenha o objetivo, o alvo, que inevitavelmente será alcançado.

9 de junho

Afirme o positivo. Isto é positivo. Mas não negue o negativo, pois isto é menos eficiente. Em vez de dizer "eu não tenho medo", prefira dizer "eu tenho uma serenidade imperturbável". Não combata o *eu*. Prefira empenhar-se no bem.

10 de junho

A autossugestão só começa a funcionar quando nós a praticamos, sem esperar resultados espetaculares, ou libertações como se fossem um *click*, e pronto, a luz acende... Desconfie de quem promete resultados imediatos, fáceis e grandiosos.

11 de junho

Reduza seus "adoro" e seus "detesto" para poder viver melhor. Mas não se esqueça: só é possível ser equânime na medida em que se minimiza o egocentrismo, isto é, na medida em que nos humildamos.

12 de junho

A sabedoria diz como ser equânime e estar contente sem ser infecundo e inerte, horizontal e apático. Ela diz que há hora para agir e hora para meditar, hora de produzir e hora de descansar, hora de brincadeira e hora de austeridade. Ela nos ensina que antes de querer mudar-nos, precisamos conhecer-nos.

13 de junho

Não condene nem tema coisas e situações, pessoas ou fatos, que lhe pareçam dolorosos ou temíveis. Procure com isenção e tranquilidade, considere objetivamente, e sempre descobrirá outro valor positivo. Algo aproveitável, ou até mesmo, em alguns casos, precioso.

14 de junho

A vida se faz mais bela, criativa, harmoniosa e feliz quando despoluída de ambições, ciúmes, apegos, invejas, temores, ressentimentos e queixumes. Observe-se. Detecte-os antes que se abriguem na alma. Desaloje-os se já a estiverem poluindo.

15 de junho

O intranquilo aumenta sua inquietude pelas reclamações que despeja sobre os outros.

16 de junho

Enquanto alguém fizer de seu coração um depósito de queixas, ressentimento ou ódio, estará sempre doente. Seus nervos sempre lhe serão tormento. É a mesma coisa que guardar veneno ou esconder dentro de si mau cheiro de carniça.

17 de junho

É típico da pessoa medíocre levar a vida a assinalar erros e defeitos, distorções e pecados sempre dos outros, nunca os próprios. O tempo despendido no descaridoso jogo de julgar e condenar os outros deveria ser usado em uma autoanálise.

18 de junho

Autoanalisa-te. A cada instante, busca atingir os motivos profundos — não os periféricos — que te fazem agir, sentir, falar, pretender, orar... Tem muita coragem. Sê prudente. Não te deixes iludir. Desde já, fica sabendo — és tu mesmo, e não os outros, que melhor te ilude.

19 de junho

O verdadeiro homem não teme riscos. Não se acovarda diante das ameaças. Não se abate em horas menos felizes. Não vacila nos obstáculos. Sabe pagar o preço e continuar valentemente sua evolução.

20 de junho

Por dependerem somente daquilo que já está em nós, as técnicas do mundo interior têm o poder de nos conduzir à autossuficiência. Com elas podemos alcançar serenidade e harmonia, independentemente e mesmo a despeito de tudo que nos vem de fora.

21 de junho

Reúne teus muitos pedaços dispersos pelos temidos padeceres, inebriantes prazeres, absorventes deveres, anestesiantes creres, esgotados caminhos, obsessivos apegos, irritantes aversões... Senta-te. Emudece. Quietude. Solidão. Medita. Junta-te em ti mesmo. Une-te àquilo que És, Tu Mesmo.

22 de junho

No inverno dos países frios, em cada árvore coberta de neve há uma lição de sabedoria, para quem tenha "olhos de ver". Quando desce a nevada, os galhos mais lenhosos, mais fortes, chegam a quebrar sob a carga branca de neve que neles se acumula. Os mais frágeis e flexíveis se defendem, vergando sabiamente, quando há um mínimo excesso de peso. Depois que a neve os deixa, se reerguem e, assim, nunca arrebentam.

23 de junho

Convém não esquecer que dentro da vibração da juventude cabe um pouco do tino tranquilo dos mais velhos, e dentro da circunspeção experiente da velhice não deve faltar uma boa dose da alegria criadora dos moços.

24 de junho

Qualquer processo evolutivo requer sacrifícios, frustrações e sofrimentos. Quem evolui tem que vencer obstáculos e mesmo suportar certos baques, padecer algumas derrotas. Mas o esforço deve continuar. Ninguém evolui apenas gozando e sorrindo, vencendo sem sacrifícios.

25 de junho

Quando mais aprendo é quando sentado, sentidos desligados, corpo silente, mergulhado dentro do perene aprendiz que sou, tento compreender-me, analisando, buscando entender a linguagem silenciosa, mas infinitamente expressiva do universo interno e profundo que Eu Sou.

26 de junho

Transitado dentro do reino hominal, a evolução prossegue, sem paradas e sem saltos. A diferença entre São Francisco de Assis e Hitler, entre Mahatma Gandhi e Bocassa, entre um *yogui* em meditação e um terrorista acionando sua metralhadora, entre Spinoza e uma autoridade corrupta, entre Santa Teresa de Ávila e um pugilista, em certos aspectos parece ainda maior que a diferença entre um ser humano e um animal inferior.

27 de junho

Quando você encontra alguém que pensa e se conduz em um padrão moral superior, e portanto diferente da vulgaridade, esse alguém lhe inspira respeito e confiança, admiração e amizade. Costuma-se dizer que tal indivíduo tem *personalidade*. Seria melhor dizer que está manifestando a *Individualidade*. Em verdade, o homem evoluído está vencendo sua personalidade vulgar e conseguindo maior ligação espiritual com a Divina Individualidade, com o seu Cristo Interno, ou o Reino de Deus dentro de si.

28 de junho

Quando cada indivíduo passar a defender os direitos dos outros como defende os seus e, ao mesmo tempo, tornar-se fiel cumpridor de seu papel no mundo, isto é, seu *dharma*, a vida social vai melhorar. Surgirá daí um mundo em harmonia, um mundo *yoguin*, um mundo cristão.

29 de junho

A obra de arte é um filho gerado pelo artista. A obra somos nós, e o artista também. Evoluir é fazer-nos nascer, brotar e crescer. A evolução humana, obra ciclópica a desafiar-nos, é a meta suprema.

30 de junho

Há em mim o resumo de todo o cosmo. Quando vier a conhecer a mim mesmo, todas as perguntas terão resposta.

Julho

Liberdade

1º de julho

Foi ao ser humano que a Vida Universal experimentou o grau máximo de liberdade... Dentro da humanidade, porém, podemos notar uma grande variedade de graus de liberdade. Há homens mais livres e outros quase escravos. Refiro-me à liberdade em todos os aspectos: físico, social, mental e espiritual. Cada um de nós também experimenta em si maior ou menor grau de liberdade. Cada um deseja ampliar sua liberdade. Assim, o problema da liberdade se torna fundamental em nossas vidas. Quanto mais livre é o homem, maior é sua dignidade.

2 de julho

O homem não é livre. Muitos são os tiranos: dor, medo, conflito, tédio, doenças, dependências... Libertar-nos é aspiração máxima e desafio maior. Existir sem procurar a liberdade é existir em vão.

3 de julho

Não é lícito nem sadio que os jovens reclamem liberdade de um lado, e do outro se comportem como escravos dos manipuladores da opinião pública, dos "donos das cabeças jovens", a fazer o jogo deles... É livre um jovem que, não tendo a "coragem de ser diferente", consome cega e automaticamente ideias e slogans, moda, música impingida e tóxicos?!

4 de julho

A libertação só começa com o reconhecimento de que não se é livre.

5 de julho

É livre alguém que não pode deixar de acompanhar os outros ao curtir as mesmas músicas, cultuar os mesmos ídolos ou mitos forjados pela propaganda, falar, gesticular e dançar da mesma forma como os outros, obedecer às mesmas modas de vestir, repetir os mesmos slogans, enfim, viver o mesmo modo de vida?

6 de julho

Na tentativa de fazer mais, e cada vez mais assumir poder e juntar maior fortuna, ou travando luta para equilibrar o angustiado orçamento familiar, o homem vai se perdendo, escravo de novas funções, negócios novos, compromissos e encargos novos, que se vão acumulando.

7 de julho

Enquanto o homem comum adoece com os arranhões em seu carro ou em sua saúde, o sábio, desvinculado do grosseiro e do falível, mantém-se imperturbável, identificado que é com o eterno, o incorruptível e o imortal, que em Realidade ele e.

8 de julho

Sofrem muito os dependentes de tóxicos (incluindo álcool, cigarros, medicamentos e alimentos antinaturais), de sexo, de correspondência afetiva, de lembranças obsessivas, de aprovação social, de sucessos profissionais, de resultados de investimentos de quaisquer espécies e também os pobres dependentes de vitórias ou derrotas de times de futebol e, ainda pior, os infelizes dependentes de situações mais mesquinhas, vulgares. São verdadeiros escravos modernos.

9 de julho

Ídolos abjetos são todas as coisas, pessoas, falsos valores, situações e ideologias que geram dependência, inspiram hipocrisia, exemplificam irretidão, implementam o desamor, engendram conflagração e crueldade, abastardam e derrubam a dignidade e ameaçam a liberdade dos seres humanos.

10 de julho

Essa "liturgia", que visa a tornar o ser humano cada vez mais moldável, manobrável e mais condicionável, isto é, menos livre, menos autêntico, consequentemente mais vulnerável, mais frágil, mais dominável, mais vinculado, menos humano, mais distanciado de seu Eu Real, tem servido aos interesses de todos os espertalhões, curandeiros, demagogos e ditadores deste mundo.

11 de julho

Quantos adultos andam por aí ferindo e se matando, se ferindo e sendo mortos por se identificarem com times de futebol, escolas de samba, partidos políticos, seitas pseudoreligiosas... Que Deus me liberte de meus apegos e vaidades.

12 de julho

O mundo precisa de homens lúcidos e livres, e não de fanáticos robotizados.

13 de julho

O ser humano livre não é, como quase todos pensam, aquele que faz o que quer. O homem livre é aquele que tem o poder de deixar de fazer aquilo que quer não fazer.

14 de julho

Ninguém consegue ser livre quando, na busca da liberdade, sacrifica sua dignidade.

15 de julho

O fundamento da sociedade é a convivência harmoniosa. E ela só é possível quando a ação de um não prejudica os demais. Cada integrante do grupo é detentor de uma série de direitos que a autoridade e o instrumento de regulação (regras convencionais, regulamentos, contrato, estatuto, lei) têm de assegurar. Mas o grupo também tem de defender sua própria existência e a ordem interna contra a ação desregrada de qualquer de seus componentes. Em resumo, a liberdade de cada um, dentro da sociedade, é limitada pelo direito dos outros e pela necessidade de segurança e progresso da coletividade.

16 de julho

Em certos tratamentos, em certas relações humanas, em que alguém condiciona alguém, assinala-se uma dupla exploração. Um dá (supostamente dá) e outro pede. Um manda; outro obedece. Um tira proveito do outro. Esta relação é de mútua vinculação. Todos os embusteiros dependem de suas vítimas.

17 de julho

Um apaixonado coloca sua paz, segurança, saúde, alegria, felicidade e mesmo sua vida na dependência do objeto da paixão, sobre o qual não consegue exercer controle. Quem depende de algo (ou de alguém) sobre o qual não tem gerência, sem dúvida, se já não sofre, virá a sofrer.

18 de julho

Tenho encontrado homens e mulheres que orgulhosamente proclamam a liberdade de serem escravos de seus vícios.

19 de julho

Não faça sua saúde, sua liberdade, sua paz, sua autorrealizaçao, sua salvação, sua ressurreição, sua terapia cosmica depender do que não depende de você.

20 de julho

Até agora, o mal vem sendo compensador para os que investem na manipulação das mentes, deformando as consciências entorpecidas. O que nós tentamos dizer, clamando, não chega a ser escutado pelas multidões estupidificadas, que apenas atendem à eficiente propaganda seja de cigarros, uísque, remédios, pornografia, subversão, corrupção, ideologias, falsos profetas, e toda a massa de intoxicação. Mas não desistiremos.

21 de julho

O dever primeiro de um ser humano em relação a si mesmo é conservar-se livre. E, a partir daí, ampliar cada vez mais essa liberdade, até conseguir aquilo que é a meta da vida e da religião evoluída: redimir-se; cortar todas as peias; abrir todas as portas para finalmente mergulhar na sua própria Divindade interior.

22 de julho

Liberdade mental é a que me possibilita pensar o que quiser, sem me prender a preconceitos e estereotipias mentais. O homem de mente livre não se sente obrigado a pensar o mesmo que os outros, e, não obstante não expresse sua discordância, intimamente não se conforma. Os fanáticos — religiosos ou políticos — não têm plena liberdade mental...

23 de julho

A liberdade espiritual não tem limites. Ao contrário, o homem espiritual, em suas meditações e exercícios espirituais, se infinitiza. E assim é porque a expressão de sua liberdade em espírito não prejudica o que quer que seja ou quem quer que seja.

24 de julho

Cada um tem a religiosidade que sua maturidade espiritual permite. Deus aceita todas as expressões da religiosidade sincera, mesmo a mais primitiva. O que não se pode mais aceitar neste século é o fanatismo.

25 de julho

Um medicamento, algumas técnicas de Yoga, a nutrição certa, uma correção psíquica podem aliviar temporariamente; podem promover uma suposta cura, mas não a libertação plena. Esta, somente a mudança profunda e vivencial das convicções filosóficas pode promover.

26 de julho

As potencialidades infinitas do Ser Supremo, que nós somos, não chegam a se manifestar porque nos encontramos condicionados por vícios, posses, afazeres, doutrinas, ideologias, partidos, nações, preconceitos, dogmas e estúpidas vaidades, que, embora nos empobreçam, limitem e façam sofrer, são por nós defendidos como fatores de fugidia segurança.

27 de julho

O *jiva* (a alma que evolui) se encontra aprisionado e exilado neste mundo onde reinam os "opostos" ou *dvandvas* (ascensão e queda, lucro e perda, dor e prazer, tristeza e alegria, dia e noite, vitória e derrota, berço e esquife...). E o grau do seu cativeiro é determinado pelo quanto ele ignora quem é, o que veio aqui fazer e para onde deve ir.

28 de julho

A alma individual escapará da escravidão se nela a sede cessar. Como é o próprio ego que ativa a sede, só o sacrifício do ego (humildação) permite alcançar *mukthi* ou *moksha*, a libertação final.

29 de julho

A libertação eclode quando a mente, purificada e emudecida, se diviniza na identificação-unificação com Deus.

30 de julho

Estou convencido de que só conseguirei chegar ao Pai, à Vida, à Libertação, à Ressurreição, ao Esplendor, quando lograr avançar pelo "caminho estreito" até me cristificar, aperfeiçoando-me no amar, no servir, no perdoar, no renunciar, na vitória sobre as trevas e sobre desejos e apegos, e finalmente quando, libertado das garras de meu "eu" pessoal, entronizar o Cristo em meu coração, quando me tiver tornado o "homem novo", conforme falava São Paulo.

31 de julho

Santos e sábios só são verdadeiramente livres porque já venceram o carcereiro — o ego pessoal.

Agosto

Espiritualidade

1º de agosto

Deus canta sempre, não é difícil escutar... Parece que compõe e canta música para Si Mesmo. Foi isso que aprendi do córrego cantando nas pedras do grotão, do solitário bem-te-vi no calmoso verão, da brisa tangida do mar em arpejo nas palhas do coqueiral, dos vagalhões a arrebentar espumas nos recifes da praia, do aboio do vaqueiro acalentando a caatinga, da chuva grossa fazendo uma epopeia no tapete de folhas mortas, do trovão canhoneando distantes horizontes, dos homens e mulheres que choram, que gemem, que falam, que rezam.

2 de agosto

Os filósofos, mestres, gurus e grandes místicos ensinam que somos espíritos (cosmonautas) em missão de aprendizagem neste planeta; que devemos cuidar do corpo (escafandro), mas sem nos confundirmos com ele nem a ele nos apegarmos; que nossa felicidade não está aqui, mas sim no reino espiritual de onde partimos; que as atrações (riquezas, prazeres, posições...) deste mundo material são valores falsos e passageiros. Tudo isso que ensinam é espiritualismo, isto é, uma filosofia (escola de pensamento) e uma forma de vida caracterizada pela convicção de que só o espírito é real, infinito e eterno e que a matéria é um acontecimento passageiro, que assim como nos fascina com seus prazeres e valores também nos maltrata com enfermidades, misérias, conflitos, dores e dissabores.

3 de agosto

Sanathana Dharma significa Lei Eterna, isto é, Aquela que regeu a manifestação do universo, sempre regerá o cosmos, propicia vida e higidez a todos os sistemas que existem. A Lei Eterna administra tanto a harmonia de uma galáxia como a dinâmica íntima de um átomo. Quando tal Lei é desrespeitada, violentada, agredida, transgredida — e o ser humano é "especialista" nisto — a desarmonia, a perturbação, instabilidade, enfermidade, desordem, o caos, a feiura e degradação se manifestam no sistema, seja ele um planeta, uma empresa, um grupo social como a família, qualquer instituição, uma orquestra, a humanidade como um todo, uma célula, finalmente cada ser e cada objeto, portanto, cada um de nós. O domínio da Lei assegura a ordem e a harmonia, "vida", enfim. A contravenção provoca a doença e antecipa a morte.

4 de agosto

O caos dominaria tudo e nada restaria se uma Lei Eterna não criasse, mantivesse e destruísse simultaneamente o cosmos. Essa dinâmica ocorre no cosmos subatômico.

5 de agosto

As trevas não entendem a Luz. Temem-na por isso mesmo. Por temê-la, agridem-na. A vitória, porém, é da Luz, sempre da Luz.

6 de agosto

O que os poetas veem nos crepúsculos afogueados é o mesmo que os sábios surpreendem nas leis que regem átomos e universos, e os místicos escutam na voz do silêncio, que fala dentro do coração.

7 de agosto

Se soubéssemos dar às coisas seu verdadeiro valor; se tivéssemos atenção para o que nos cerca; se não tivéssemos tantos interesses mundanos e uma servidão angustiante aos relógios, todas as manhãs rezaríamos a mais comovida prece-louvor-gratidão pela sonoridade matinal. Agradeceríamos a Deus por ter inventado os pássaros.

8 de agosto

Tenho assistido pessoas a curarem-se, a arranjarem emprego, resolverem situações, a melhorarem tudo, porque aprenderam a usar o tremendo poder da prece, mas principalmente, aprenderam como fazê-la. A oração não é nada careta, algo humilhante, piegas: pode ser considerada como a mais poderosa das técnicas terapêuticas de que dispomos para promover a nossa mais perfeita qualidade de vida.

9 de agosto

Do mesmo jeito que a fissão nuclear desprende energia incomparavelmente superior à liberada pelos fenômenos eletrônicos e estes, por sua vez, maior do que a dos motores a vapor, as energias espirituais são incomparavelmente superiores às mentais; e estas, por sua vez, às físicas. Dito isso, pode-se compreender por que uma mudança fundamental de orientação espiritual ou filosófica da nossa vida tem o fantástico poder de harmonizar e limpar a mente, bem como restaurar a normalidade orgânica, com a conquista de uma saúde melhor.

10 de agosto

Paradoxo da disciplina espiritual: quanto mais você se aprofunda, mais se eleva.

11 de agosto

Com a nossa energia espiritual, podemos suscitar a energia de um número incontável de pessoas, e isso não nos empobrece.

12 de agosto

Usamos o corpo, mas não somos ele. Usamos a mente, mas não somos a mente.

13 de agosto

A condição essencial para a vitória é um prévio processo de des-ilusão, des-encanto, des-mistificação, des-engodo... Só assim podemos iniciar, com eficiência, a busca da Libertação, da Salvação, do Viver em Deus.

14 de agosto

Na vida espiritual a gente começa fazendo esforço e mesmo, em algumas horas, sacrifícios, mas, aos poucos, vamos nos transformando e encontrando a "paz que não cessa nunca". O começo é árduo. Mas o fim é feliz.

15 de agosto

A ciência, que vem controlando doenças, fazendo a terra produzir mais alimento com menos esforço, melhorando tanto as comunicações e os transportes, não pode ser uma adversária de Deus. Ao contrário, desenvolvendo-se tanto, é ela que pode explicar melhor a natureza e esta Realidade Una que cria, transforma e sustenta todas as formas de vida na própria natureza.

16 de agosto

Logoterapia é o tratamento cujo agente é Deus, contando com a fé que a Ele oferecemos. É um viver em harmonia com Sua Lei. É um comungar com Sua Perfeição.
Para chegar à realização logoterápica, é imprescindível fazer um giro no *dial* de sua mente. Torça o ponteirinho, que até agora esteve voltado para a doença, síndromes, angústias, aflições, limitações e para suas presumíveis causas inconscientes, e o vire para a saúde, bem-estar, serenidade, alegria, vitória, paz, invencibilidade, libertação, perfeições, finalmente, para o Logos, para Deus.

17 de agosto

A Logoterapia implicará práticas de relaxamentos, orações-afirmações, mantras (por exemplo: "a paz e a luz de Deus estão comigo"; "sou perfeito como Deus é perfeito"; "Deus e eu somos um"), e, acima de tudo, *Ishwarapranidhana* (entregar-se irrestritamente a Deus, o Logos). Esta entrega propicia um alívio, uma libertação que pode ser imediata e miraculosa, dependendo da intensidade de nossa rendição.

18 de agosto

O poder preventivo, curativo e restaurador da logoterapia, por se basear na onipresença, onisciência e onipotência divina, só pode ser ilimitado e é por isso que pode produzir milagres.

19 de agosto

A meu ver, mesmo em alguns indivíduos em que parece ter acontecido "espontaneamente" o despertar espiritual, sempre atuou um doloroso clamor interno travestido com o que os psicólogos denominam angústia. Para mim, essa é uma das formas mais eficientes de Deus bondosamente estender seu convite a todos nós, crianças a divertirmo-nos inadvertidamente com as pseudofelicidades que compramos do mundo.

20 de agosto

Se angústia é saudade de Deus, só um tratamento é possível: reintegrar-nos em Deus. Ocupar o vazio da vida diária por Sua plenitude. Acabar com a ausência buscando Sua presença. Reduzir a distância, aproximando-nos.

21 de agosto

A cada dia, a cada observação de um novo caso, convenço-me de que são os níveis mais sublimes e sutis, mais luminosos, puros e universais de cada um de nós que detêm o maior poder de imunizar, desintoxicar, proteger contra a ação dos radicais livres, evitar estresse, melhorar e curar qualquer doença.

22 de agosto

Agir corretivamente com meios e procedimentos físicos sobre o corpo físico inegavelmente produz efeitos admiráveis. Mas os benefícios incomparavelmente maiores e duradouros provêm de níveis imateriais do nosso vasto sistema, desde o energético até o espiritual, principalmente deste. A ação salvadora de alcance ilimitado parte do campo de Infinita Realidade, da Onisciência, Onipresença e Onipotência de Deus, que, em essência e realidade, é Aquilo que você, os outros e eu somos.

23 de agosto

Uma forma de encontrar a Luz é ficar em silêncio tranquilo e contente, esquecendo-A, dando-Lhe liberdade para alcançar-nos; sem ficar ansioso para que Ela aconteça... E Ela, por Si mesma, sem as resistências levantadas por nossa ambição de "possuí-La", Ela, por Si mesma — repito — se acenderá.

24 de agosto

A realização espiritual é o objetivo maior de nossas vidas. Existimos para isso. Não podemos, portanto, negligenciar tal objetivo.

25 de agosto

Você vencerá na medida em que se empenhar como se tudo dependesse somente de você, mas aceitando plenamente o projeto ainda desconhecido que Deus tem para você.

26 de agosto

Assim como uma gigantesca árvore está, potencialmente, em uma pequena semente, a nossa Essência-Perfeição está toda como que embutida em nós.

27 de agosto

Quanto maior o desenvolvimento espiritual de um ser humano, tanto menor a necessidade de palavras e gestos para comunicar-se.

28 de agosto

Espiritualismo não é apenas uma doutrina, mas uma forma de viver.

29 de agosto

Ilumine-se, e depois, seguro de si, feliz, sadio, tranquilo, torne-se um centro irradiador, iluminando também a vizinhança.

30 de agosto

Pedi a bênção a Krishna e Cristo me abençoou. Orei ao Cristo e foi o Buda quem me atendeu. Chamei pelo Buda e Krishna me respondeu.

31 de agosto

O *jnanin* vê-se a si mesmo; vê tudo, todos e o Todo em uma unidade, que não tem segundos. Nada existe fora de Deus, o Uno. Há muitas existências, mas a Essência é Una. Existências são aparências; e a Essência Una, o Real. Nada existe fora do Uno. Nós, embora pareçamos ínfimos, somos o Infinito.

Setembro

Poesia

1º de setembro

Somente os sábios, santos, profetas, poetas e místicos podem suprir o mundo com o que está dramaticamente em falta: amor, compaixão, auxílio, proteção, verdade, paz, beleza, justiça e empenho pela felicidade dos outros.

2 de setembro

Gostaria que os pássaros não sumissem das matas, as chuvas das plantações, de que a inocência não sumisse da alma das crianças, e de que não partissem dos corações idosos algumas esperanças.

3 de setembro

Acredito que se os atavios da poesia acrescentarem beleza à mensagem, esta entra pelo coração e não somente pela cabeça. A luz está no coração. Viver em Deus se nutre de poesia.

4 de setembro

Quando um ser humano cria uma obra de arte, em última análise, exprime seu pensamento, seu sentimento, seu élan criador, sua inspiração, todo o seu eu, na matéria plasmável, nos sons ou nas cores. Uma obra de arte vale pelas qualidades de espírito que se exprimiu e também pela fidelidade com que a técnica possibilitou tal expressão.

5 de setembro

Os que se extasiam com as árvores em flor, o germinar das sementes, o orvalho no mato, o descompromisso das nuvens tocadas pelo sopro do vento, a policromia e sonoridade dos pássaros, com o ciclo das marés, com a equanimidade corajosa de alguns pobres, com a música do regato, com o plantar, rezar, colher, afagar, com o colorido das alvoradas e dos poentes... só eles conseguem se nutrir com a doçura da verdadeira Paz.

6 de setembro

A esteticoterapia, busca da saúde através da vivência de sentimentos belos e sensações felizes, também recomenda tirar proveito do culto e cultivo da beleza e da sublimidade da poesia, das belas artes e principalmente da Natureza. Sugere ainda: desfrutar sentimentos e emoções bonitas e sublimadas; cultivar e curtir o bom humor e o riso; degustar a formosura expressa em cores, flagrâncias, formas, música, poesia; desenvolver a capacidade criativa; pintar, esculpir, cantar, dançar...

7 de setembro

Dos poemas que fiz, o de maior beleza foi o sorriso de felicidade que em teus lábios consegui desenhar.

8 de setembro

Um mercenário não vê utilidade na beleza. Um poeta vê beleza até no que parece apenas útil.

9 de setembro

Olhos preparados para ver beleza sempre a encontram. Olhos que não a querem sempre estão a negar que ela existe.

10 de setembro

Aceitei o convite da areia e sentei-me na praia. Segui a sugestão da brisa e comecei a respirar. Inspirando, ia pedindo: "Traz-me alento, tudo de que preciso: paz para dar, entusiasmo, saúde, energia, serenidade, luz, tudo para dar!" Expirando, dizia: "Leva, vento, tudo de ruim que existe em mim... leva para longe, para bem longe, para os desertos onde vive ninguém!"

11 de setembro

Aproveitei a maré baixa e visitei recifes. Às possas represadas sob as pedras vi canteiros de vida: jardins multicolores de sargaços. Eram peixinhos miúdos, coloridos, parecendo joias travessas. Escutei ondas bramindo, batendo incansáveis e imponentes em negras pedras que pareciam eternas, torres brancas de espuma salgada a se erguerem do embate das vagas bilhões de vezes repetidas desde eras sem conta, adorando e louvando os deuses, lá do mais alto. Senti na pele presença de sal, ardores de sol, batidas do vento. Ali mergulhei e nadei aproveitando as poças mais profundas. Depois, sentei-me nas pedras e gostosamente deixei que sobre mim caíssem espumas, cascatas de água despejadas da arrebentação do quebra-mar. Gozei farta refeição para meus sentidos ávidos de beleza. Aprofundei ao máximo aquela aventura estática, estética, poética e mística.

12 de setembro

Se o vento parar, não peças a Deus que o agite. Se o vento se levantar, vai apagar a vela que o filho, com piedade, pôs na mão do pai que vai morrer. Não peças a Deus que pare o vento. Se o vento parar, o barco não singra, o barco não chega e o moribundo vai morrer sem ver o filho que o barco lhe levaria.

13 de setembro

Quando vejo longe um horizonte bonito, cheio de paz e distâncias, tenho ímpetos de correr para lá, sinto o desejo de tocar o céu com a mão. Como sei que quando lá chegar um novo horizonte adiante, fascinante, vai me atrair — e assim jamais eu pararia de perseguir fugidios horizontes aliciantes —, decido ficar onde estou e contentar-me. Aí, dou-me conta de que onde estou há um horizonte com o céu ao meu alcance. Para chegar ao céu não é preciso andar doidamente, insatisfeito, perseguindo horizontes a fugir. Contente onde estou e com o que sou, consigo ver que sou o horizonte e aí a Paz me consome.

14 de setembro

Pela janela, eu vi a paisagem mudando, as coisas ficando para trás. Em uma encosta nua, um pé-de-milho. Nele, uma lição.
A haste falou-me de verticalidade elegante, mas efêmera.
As raízes, ocultas aos olhos, em trabalho fecundo e anônimo, disseram-me sobre servir com humildade.
As folhas tangidas pelo vento eram eloquentes em demonstração de volubilidade.
As espigas, doação generosa.
Cada grão prometia uma safra.
Há uma lição em cada pé-de-milho.
É preciso que haja em cada um de nós a vontade de aprender.

15 de setembro

O milionário paga ao jardineiro para aparar a grama e cuidar das flores. Mas, coitado! Vive tão apressado! Não lhe sobra tempo para gozar a beleza de *seu* jardim, que ele financia. Paga para poder dizer que o jardim é *seu*. Pobre iludido! A ninguém pertence um jardim a não ser àquele que tem vagares e sensibilidade para sentar-se e namorar a beleza.

16 de setembro

O trágico de nossos dias é ver o lucro matando a poesia e o erótico destronando o amor.

17 de setembro

Já viste a beleza de uma folhinha pincelada de sol de inverno, a sacudir-se festiva em um ramo de árvore? Desculpa, amigo. Esqueci que já não tens tempo para tais coisas.

18 de setembro

Fiquei parado, calado, atento... Fiquei tão estático que enganei peixinhos e iludi camarões, vagando descuidados em torno de mim. Mistificados, pensaram por certo que eu era mineral e perderam o acanhamento e o receio. Confiantes e naturais, mostraram-se como são na intimidade. Deixei-me ficar, deixei-os em paz, parado, cabeça ao sol e o corpo dentro do aquário natural... Deixei-me embeber de beleza, deixei-me embeber de gozo, enamorado de Tudo, confundindo-me com Tudo, amando o Todo... Se pudesse, teria mesmo virado pedra, para servir de universo aos peixinhos, caramujos, camarões, a todas aquelas formas assumidas pela Vida Universal.

19 de setembro

Tenho pena de ti, pobre homem abastado. Tua riqueza, teus negócios, tua empresa não te deixam degustar o contato fresco da aragem de primavera que a montanha nos manda. Tenho pena de ti, frágil homem de poder. Eu vejo que não te sobras tempo para ficar olhando as ondas franjadas de branco alastrando-se na areia, alisando-a, embebendo-a... Tenho pena de ti em teu maquinal viver. Perdeste a sensibilidade. Não podes achar lindeza na gargalhada da menininha brincando com seu cão. Larga um pouco teus compromissos e venha apenas ver um simples pássaro, silhueta serena a cortar o vermelhão do ocaso. Esquece teus lucros só um pouquinho, vem redescobrir encanto nas coisas triviais. Repara naquelas camisas coloridas penduradas no varal, vê como dançam com o vento brincalhão a tangê-las. Vamos, estafado e rico amigo, larga um pouco tua ânsia por mais... volta-te, só um pouquinho, para este necessário ócio, gostoso e sábio, e vem deslumbrar-te com as múltiplas expressões do Onipresente.

20 de setembro

Por que o teatro está cada vez mais explorando o mórbido e o erótico? Por que as músicas da juventude vão se tornando mais barulhentas, mais à base de ritmo e mais carentes de melodia e harmonia? Por que a poesia deu lugar à novela sexo-policial? Por que o carnaval, a cada ano, é mais bacanalizado?

21 de setembro

Uma obra de arte só se eterniza quando alcança manifestar a ofuscante beleza da Verdade e a refulgente verdade da Beleza.

22 de setembro

Uma canção só se universaliza quando consegue atingir profundidades e alturas, sutilezas e incognoscíveis, abstrações e santidades, pureza e riqueza, fronteiras do invisível-indizível que a gente se propõe cantar.

23 de setembro

Graças a Deus, há ainda vestígios de poesia e lirismo em raras peças, filmes, livros e novelas, que, embora não sejam aplaudidos pela crítica (também "normalizada"), guardam valor terapêutico de que tanto os que já estão se sentindo doentes dos nervos, bem como os sadios necessitam.

24 de setembro

Desde que saibas gozá-la, a paisagem é tua. Não importa que o cartório diga diferente. Tu, que tens o poder de descobrir magia e beleza, ficas sabendo que és dono de todas as serras, dos caminhos ensolarados, dos remansos, dos rios, de todas as praias, do horizonte, do colorido de todos os crepúsculos, do frescor das madrugadas outonais, de todos os rosais, de pedregulhos, arvoredos, dos tabuleiros agrestes, das cascatas, dos refrigérios dos oásis, de todas as paisagens que teus olhos, ávidos de poesia, vierem a captar. Se tiveres tempo e poesia para sentir beleza, são teus todos os lugares que te convidem a ficar e contemplar.

25 de setembro

Enquanto caía, pensava um pingo de chuva: "Que importa deixar o céu se estou indo fertilizar a terra?"

26 de setembro

Supõem mercenários, técnicos, teóricos e tiranos que podem eclipsar a poesia. Mas há poesia em toda parte, em tudo, e sempre ao alcance dos poucos que são sábios ou místicos, dos raros ainda não corrompidos pelo poder, pelo acumular, pela malícia, pelo impermanente prazer. A poesia é invencível, embora para a maioria ainda continue invisível.

27 de setembro

Noite de lua cheia e mar sereno, brisa imaterial débil como alento de moribundo... Uma quase calmaria cobria o mar, impondo o silêncio ao ermo. A lua, sem ter deixado o céu, descera ao mar. Lá em cima era redonda, no mar se transfigurara... Era luminosa e retilínea passarela que começava em um barco e se alongava até o horizonte. Estranhamente, correspondendo ao meu enlevo, a lua comprida, deitada no mar, seguia o barco, seguia meus olhos fascinados... Ah, se eu fosse Jesus... Se eu pudesse, teria deixado o barco e sobre a passarela de luz iria andando até o horizonte, iria até onde a luz e o mar tocam o céu.

28 de setembro

Todos e tudo me ajudaram a decifrar enigmas e me convidaram a despertar. Alguns me iludiram, outros me salvaram pela desilusão. Alguns me agrediram, outros me amaram. Alguns me feriram, outros me sararam. Todos e tudo me transformaram pelo que me ensinaram.

29 de setembro

Aprendi de rosa abrindo, de chuva caindo, de cachorro andando a esmo, de ébrios atirados, de passarinho cantando, de moleque perseguindo passarinhos, de casal se amando, de gente sofrendo, gozando, gemendo, sorrindo, nascendo e morrendo, de sacerdote pregando, agitador subvertendo, ladrão roubando, fiéis comungando, gatinho brincando, mata queimando, semente germinando, de sol no céu e minhoca na terra, de toda infindável policromia e fascinante história da Vida Onipresente.

30 de setembro

Deus permita que a verdadeira poesia, tendo alcançado o Âmago da Verdade, com seu potencial de magia, consiga descongelar os corações, desmaquinizar as ações dos homens robotizados, e possa sensibilizar as almas e iluminar as mentes que a brutalidade só conseguiu barbarizar, mas, felizmente, ainda não matou.

Outubro

Ética

1º de outubro

O homem que a ciência e a técnica forjaram, embora superpoderoso, continuará indigente de felicidade e paz, segurança e lucidez, até conseguir cultivar e cultuar seu lado ético e espiritual.

2 de outubro

A eticoterapia, busca da saúde e da felicidade através do aperfeiçoamento ético, consiste na vigilância sobre a conduta individual no relacionamento com os outros, com o planeta, consigo mesmo e com Deus. O objetivo é aperfeiçoar o agir humano, visando a promover saúde e bem-estar pessoal e coletivo.

3 de outubro

Tudo que fizermos no sentido de retificar nossa conduta ética tem a virtude de prevenir, amenizar e curar doenças.

4 de outubro

Cada homem é um campo de batalha, onde o bem e o mal se confrontam.

5 de outubro

Prazer, poder e dever são os grandes motivos que fazem o homem agir. Se os dois primeiros se subordinassem ao terceiro, tudo ficaria bem, em harmonia, em paz, e caminharia para um destino auspicioso.

6 de outubro

Cheios de orgulho, artistas recalcitrantes racionalizando alegam, em um intelectualismo já muito gasto, que a estética nada tem a ver com ética e que a arte é livre ou não é arte. Deles não se pode esperar contribuição à higiene mental.

7 de outubro

Seria desejável que o mundo artístico conhecesse uma nesguinha de higiene mental e levasse em conta que o mal que tem sido feito em nome da arte "realística" poderia vir a ser compensado com a produção de obras que contribuíssem para o bem-estar psicossomático de milhões de pessoas necessitadas.

8 de outubro

É absolutamente essencial que se cultive permanentemente os cinco valores exclusivamente humanos, que são: verdade, justiça, amor, paz e não-violência.

9 de outubro

A cobiça, quer pelos cifrões, quer pelo mando, quer pela notoriedade, tem feito imperar na terra a corrupção. Na luta pelo poder, seja econômico, seja político, o homem se destrói, perseguindo o que no final é tremenda decepção.

10 de outubro

Infelizmente, graças a uma compreensão talvez de índole mercenária, a arte dramática (cinema, televisão e teatro) está orientada para um "realismo" suspeito, no qual o "real" é somente patológico, impuro, baixo e negativo.

11 de outubro

Igualmente amorosa é a tentativa de mostrar ao corrupto, ao corruptor, ao vendilhão do templo, ao especulador, que enriquecer à custa da miséria dos pobres não lhes garantirá a felicidade que ambicionam, mas certamente os condenará à ruína mais negra e dolorosa.

12 de outubro

A ética é a ideologia da moral, isto é, um conjunto de princípios teóricos que fundamentam a moral. A ética mais evoluída coincide com a religião mais evoluída. Não se distinguem praticamente. A religião mais evoluída é aquela que reconduz o homem à plenitude da Verdade, da Justiça, da Beleza, da Perfeição, da Felicidade. Esta é também a ética mais perfeita, a que define o bem e o mal com maior exatidão. A ética não é relativa. É absoluta.

13 de outubro

A moral, entendida etimologicamente, é a ciência dos costumes (mores), sendo, portanto, relativa. De uma sociedade para outra as noções de bem e de mal variam com os costumes e estes são produtos da imperfeição humana.

14 de outubro

A moralidade é intrínseca à condição supra-animal ou humana.

15 de outubro

A outra forma de entender moral é considerá-la como manifestação prática da ética. E nesse conceito ela deixa de ser relativa, pois a ética que ela expressa também não o é.

16 de outubro

O civismo, entendido etimologicamente, é a moral do cidadão, isto é, o conjunto de deveres que temos para com a sociedade política (o Estado). O civismo é, portanto, um aspecto particular da moral.

17 de outubro

Colaborar para o progresso e ordem da Pátria, para a harmonia e segurança da família, para a solução dos problemas sociais e econômicos do bairro, bem como de nosso sofrido planeta, isto é, cumprir os deveres diversos decorrentes de nossa condição de seres morais, é serviço a Deus.

18 de outubro

O mais recente e perfeito exemplo da "guerra santa", isto é, da Justiça contra a injustiça, da Verdade contra a mentira, da Liberdade contra a tirania, do Amor contra a crueldade, foi dado ao mundo por Mahatma Gandhi. À sua "guerra santa" ele denominou Satyagraha. (...) Antes de ser uma guerra política contra a Inglaterra, foi uma guerra ética contra a mentira e tudo o que ela acarreta, inclusive o colonialismo, a exploração, o esmagamento de um povo. Satyagraha é o apego irrestrito à Verdade.

19 de outubro

Ensinar a apodrecer é fácil. É até desnecessário. Corrupção é um processo espontâneo que alcança todos os que se descuidam. Difícil é ensinar a evoluir.

20 de outubro

Quando um político ou administrador calhorda, com uma canetada assassina, assina um decreto, um convênio, um contrato amoral, determinando, com isso, um aumento de seu poder político ou econômico (ou os dois); quando um magistrado "vende" uma sentença; um policial assalta um banco; um médico faz intervenções cirúrgicas absolutamente desnecessárias contanto que fature alto... Quem ou o que motivou todo este sacrifício da justiça, da verdade, do amor, da compaixão, do bem social, dos mais altos valores tipicamente humanos? Foi o ego-persona que a terapia e a escola ainda não conhecem como sendo o arqui-inimigo de todos.

21 de outubro

O homem evoluído não se contenta, não aceita, não se cala, não se imobiliza, não se acomoda diante da conjuntura social quando a reconhece necessitada a mudar. Ele observa, estuda, pesquisa com serenidade para poder chegar a um diagnóstico sobre as mazelas da sociedade. Sente, percebe, reconhece e analisa a "injustiça social" e todas as imperfeições.

22 de outubro

O voo do avião de asas desiguais está caindo. É prioritário que se dilate as asas da ética, tragicamente menor que a da técnica, que cada vez cresce mais.

23 de outubro

Gostaria que a técnica continuasse a crescer, mas pedindo licença e conselhos à ética.

24 de outubro

O homem ético, isto é, de religiosidade evoluída e sincera, cujos valores máximos são os espirituais (eternos), é um homem de alta moral, em que isto lhe custe "repressões" ou quaisquer sacrifícios. É natural e alegremente bom. Seus deveres cívicos, cumpridos à risca, não lhe são impostos. O homem ético, mesmo que em discordância com os costumes de uma sociedade ou grupo em que se veja inserido, encontra como manter-se autêntico, sem rebaixar-se à normalidade, à pobre normalidade que o rodeia.

25 de outubro

Jesus, Sócrates, Gandhi, Rondon foram exemplos de homens éticos não compreendidos pelos contemporâneos, pela moral da sociedade em que vivemos.

26 de outubro

O melhor que temos a fazer é libertar-nos do egoísmo, da mentira, da ambição, da trampolinagem, da violência, da roubalheira, e, simultaneamente, cultivar a ética que o Cristo, Sai Baba e os outros Avatares sempre nos ensinaram: Verdade, Retidão, Paz, Amor, Não-violência.

27 de outubro

O "realismo" de certos escritores e dramaturgos é caolho e muito conveniente do ponto de vista comercial. Aumenta o número de autores venais que sabem explorar a deturpação do gosto que, infelizmente, está sendo o "normal" patológico de nossa era.

28 de outubro

Os produtores poderiam visar menos ao valor comercial das obras degradantes e teratológicas que vêm encenando, e orientar a produção no sentido de, pelo menos, fazer menor dano. Isso de "arte pela arte" precisa ser repensado.

29 de outubro

A "paz que o mundo dá" é alcançável pelo ter e pelo fazer. A "paz do Cristo" (*shalon, shanti*) não está ao alcance da técnica externa, mas sim da interna, que se inicia pela realização ética. Nós a atingimos quando optamos pelo "fio da navalha", pelo "caminho estreito", pelo "caminho óctuplo"; quando conseguimos nos renovar ou mesmo renascer em pensamentos, convicções, palavras e atos. E isso só é possível com a desativação do egoísmo.

30 de outubro

O caminho largo, efetivamente, é muito mais sedutor. Mas não ceda. Ele conduz às "trevas exteriores, ao choro e ranger de dentes", isto é, à doença, à miséria, à escravidão, à loucura, ao inferno. O caminho estreito é desafiador, difícil, exigindo esforço e abnegação, sacrifício e retidão. Mas conduz à liberdade, à saúde, à força, à paz, à salvação.

31 de outubro

É a ignorância, a falta de compreensão, amor e compaixão que fazem do cumprimento do dever moral um sacrifício e do crime uma coisa desejável. Somente se controlando é que o homem evolui. E, à medida que evolui, ganha compreensão, desenvolve o verdadeiro amor, aumenta a solidariedade, amadurece emocionalmente, e então cada vez mais fácil se torna, para ele, ser bom.

Novembro
Tranquilidade

1º de novembro

O que vivemos consumindo pelos ouvidos (sons, música, ruídos, palavras...), o que consumimos pelos olhos (imagens, espetáculos, formas, cores...), o que consumimos pela pele, pelas narinas..., o que consumimos pela mente (conversas, aulas, leituras...), finalmente o que consumimos pela alma (sentimentos, emoções...), tudo isso tem grande poder de nos manter sadios e tranquilos ou doentes e perturbados.

2 de novembro

Aprende a tranquilidade, amigo. Cultiva paz e silêncio. Tesouros imensos serão teus, se aprenderes a quietude criadora; se souberes e puderes curtir os gozos do sábio ocioso, sentado à sombra da árvore; se imitares o vento quando para de soprar por não querer quebrar o encanto com que a lua se deita sobre o rio, quase parado.

3 de novembro

Conheço muitas pessoas que chegaram a um grau alarmante de tensão por serem excessivamente exigentes consigo mesmas. Elas cobram comportamentos, resultados, performances, obras e virtudes que, naturalmente, estão fora de suas possibilidades físicas, psíquicas, financeiras ou sociais, artísticas, ou esportivas...

4 de novembro

Nossa força e segurança não estão no que temos, pois, em verdade, nada temos. Tudo é empréstimo. Tudo a devolver. Só o que conseguimos ser, em luz, tranquilidade, amor, finalmente em Deus, só isso é garantia. Só isso é eterno.

5 de novembro

O intranquilo aumenta sua inquietude pelas reclamações que despeja sobre os outros.

6 de novembro

Em nossas horas de crise, inabilmente, tornamo-nos tensos, agitados, aflitos... tentando salvar-nos por todas as formas de luta ou fuga. É por conta da tensão e da aflição dominantes que sempre somos vencidos. Quando, no entanto, conseguimos nos tranquilizar, a ação salvadora do Supremo terapeuta se manifesta pronta e generosamente.

7 de novembro

Convém não esquecer que dentro da vibração da juventude cabe um pouco do tino tranquilo dos mais velhos, e dentro da circunspeção experiente da velhice não deve faltar uma boa dose da alegria criadora dos moços.

8 de novembro

Na pré-ocupação, o que nos agrada e desejamos, e também o que nos desconforta, rejeitamos e tememos, embora ainda não tendo chegado, consegue alvoroçar nossa alma sedenta de paz e tranquilidade. Não se deixe afetar pelo que ainda não aconteceu e até pode não vir a acontecer.

9 de novembro

Encontrei-o ontem. Ficou rico. Está indigesto de haveres. Ganhou tanto, mas ganhou tanto mesmo, que já não tem — coitado — com que comprar um pouco de tranquilidade e vida simples.

10 de novembro

As pessoas que fazem de sua vida uma caça exaustiva ao dinheiro, uma sôfrega batalha por mais adquirir e mais acumular, um agitado e interessante comprar, vender, faturar, dar lances e mais lances em busca de lucros maiores não conhecem a alegria do viver ameno, gostoso, sereno, saudável e feliz.

11 de novembro

A vontade de ter o último modelo de carro, ou de usar as roupas mais em moda, ou de ver o nome nas colunas sociais, tem criado muitos problemas de estresse.

12 de novembro

Nem sempre são as situações concretas alarmantes que nos fazem detonar as reações de luta ou fuga, isto é, o estresse. Estresses de grande poder perturbador muitas vezes são gerados pela falsa avaliação do que nos acontece. O controle do estresse deve começar por aqui.

13 de novembro

O estresse ou ansiedade vem martirizando o homem, indicando que, sejam ignorantes ou intelectuais, ateus ou religiosos, ricos ou pobres, homens ou mulheres, o ser humano ainda não aprendeu a administrar a própria existência.

14 de novembro

O esgotado ou estressado crônico é o indivíduo que, como se viu, tumultuou o indispensável ritmo que mantém a Vida, pagando por isso pesado ônus. Desde o átomo à galáxia, do microcosmo ao macrocosmo, da planta ao inseto, a Vida se manifesta segundo ritmos vários, segundo ciclos maiores ou menores, em que se sucedem ação e inação, dia e noite, sístole e diástole, contração e repulsão, nascimento e morte, sono e vigília, uma fase preparando a seguinte, uma cedendo lugar à outra, em um fluir e refluir harmônico e complementar.

15 de novembro

Não há medo na pessoa que, permanentemente, está sintonizada com a fé, com a serenidade e a invencibilidade.

16 de novembro

Sempre que puder ouvir música suave e calmante, prefira-a à rítmica e agitada. Se, por qualquer circunstância, se sentir aborrecido e mentalmente fatigado, vá para a sua música.

17 de novembro

Quem sabe manter-se sereno nos dias de glória, vitória, lucro e aplauso também sabe resistir ao desespero nos dias de luto, derrota, perda e calúnia.

18 de novembro

Ser equânime é estar tranquilamente presente dentro dos quadros, seja ele de dor ou prazer, de queda ou vitória, seja quadro feio ou lindo, luminoso ou sombrio. Pode-se chegar a isso através de um isolamento subjetivo, equivale dizer, com um não-se-identificar com aquilo que ocorre.

19 de novembro

Equânime não é a pessoa fria, indiferente e inconsequente. Embora se apercebendo da significação de ser favorecido ou desfavorecido, embora participe ativamente dos fatos, consegue um sadio isolamento emocional, colocando-se acima deles.

20 de novembro

Como viver sem guardar desagradáveis e fatigantes tensões? Há algumas coisas a fazer; outras, a evitar. No plano psicológico, a primeira é ocupar-se com o que estiver acontecendo agora, à sua frente, isto é, não ficar apreensivo com o que poderá vir, nem ligado ao que já passou. A segunda é revalorizar as pessoas, as coisas, os acontecimentos, agora sob o prisma de alguém que já está deixando o egoísmo, as ilusões, os desejos, os apegos, as aversões... A terceira é cultivar o milagroso contentamento. E tem muito mais: saber que o tempo dá o alívio; que nada merece nosso dissabor; que só um valor absoluto, uma vitória definitiva, uma alegria completa, uma felicidade perfeita... e esta vitória-alegria-felicidade é o Reino de Deus, que está dentro de cada um.

21 de novembro

Só intuímos a solução correta e só achamos a melhor saída, só encontramos o melhor remédio e a mais adequada providência, quando estamos tranquilos.

Intranquilos, tumultuamos o pensamento, obscurecemos a mente, e perdemos não somente o rumo, mas a direção do passo imediato a dar.

22 de novembro

Desanuvia tua face, afrouxa os lábios, solta os músculos, desfaz as rugas, descontrai... E não tardarás a sentir gostosa euforia brotar e crescer lá dentro, feito semente germinando, como se fosse maré de plenilúnio.

23 de novembro

Deixe as decisões mais importantes para depois de um bom relaxamento. Ao sentir-se nervoso, irritado, cabeça fervendo, ameaçado por um assalto da "coisa", isole-se em um lugar e, mesmo sentado, comande o seu relaxamento.

24 de novembro

O poder estressante dos acontecimentos é amplificado pelo estado de tensão em nossos músculos. Para reduzir o impacto estressante temos que cultivar um permanente estado de brandura a nível muscular, e por que não em nível emocional e intelectual?

25 de novembro

Seria justo ficar "sentado na margem", assistindo silenciosamente ao drama da humanidade? Seria isso honesto? Alguém tem o direito de ficar indiferente?! Quem foi que disse que para ser atuante, eficaz, fecundo na busca de uma ordem melhor para a humanidade é indispensável deixar-se conturbar, contaminar, envolver emocionalmente?! Ao contrário, quem melhor ajuda é quem, acima da crise, conserva luzes e calma, perspectiva e serenidade, pois os que estão dentro dela já as perderam.

26 de novembro

O primeiro socorro divino aos desesperados é acalmá-los.

27 de novembro

Deus fala mais fácil não quando ansiosamente Lhe pedimos que fale, mas quando humildemente nos calamos, em espera tranquila.

28 de novembro

Jogaram uma pedra na tranquilidade do lago. O lago comeu-a. Sorriu ondulações e... ficou novamente tranquilo.

29 de novembro

Paciência e persistência acabam vencendo. A boa meditação pontual lentamente educa a mente rebelde e vai, aos poucos, condicionando o meditante a se tornar brando, calmo, persistente, paciente... E isso é um verdadeiro tesouro.

30 de novembro

Visando aos mesmos efeitos — tranquilizantes para o *rajásico* e antidepressivos para o *tamásico* —, a yogaterapia, em todos os aspectos da vida também prescreve: pensamentos, sentimentos, comportamentos, lazeres, música, esportes, alimentos, artes etc.

Dezembro

Comunhão

1º de dezembro

Convém cultivar e cultuar a amizade de pessoas emocional, moral, intelectual e espiritualmente desenvolvidas, que vivem a verdade, a retidão, a paz, o amor, a compaixão, a beleza. Pessoas assim são como usinas generosas, irradiando as mais benéficas energias de sanidade e de santidade.

2 de dezembro

Quando ocorre uma briga, um desentendimento que gera mágoa e pode levar a um rompimento, a pessoa mais sábia, com tranquilidade e serenamente, analisa o fato, analisa-se também, e, perdoando o outro, mesmo que culpado, vai além e lhe pede desculpas. O mais ignorante egoísta culpa totalmente o outro, inocenta-se, sente-se injustiçado, sente-se ferido, e, naturalmente, passa a detestá-lo e mesmo a agredi-lo... Você — desculpe minha intromissão! — faz como o sábio ou como o ignorante?

3 de dezembro

O diálogo dialético é uma "guerra", conduz à violência e nunca ao entendimento ou ao Amor e, portanto, ao Supremo Ser. No diálogo dialogal, defendido pelo padre e professor Raimundo Panikkar, predomina a lucidez, a empatia, o respeito mútuo, o desejo de entendimento e mútuo enriquecimento, o destemor, a abnegação e o amor. Cada interlocutor pensa mais ou menos assim: "Ele e eu temos de nos entender; devemos chegar a um ponto de concórdia, de harmonia, de comunhão com a Verdade; temos de superar as trivialidades dos aspectos não essenciais."

4 de dezembro

Se desejas a visita dos pássaros, põe-lhes comidinha na janela. Se desejas o amor dos outros, que teus lábios virem janela e teus sorrisos, alpiste.

5 de dezembro

Na verdade, não está fora de seu alcance comungar com as estrelas... Comece a comungar com o que está perto de você. Dê-lhe amor, compreensão, companhia, abrigo, perdão, carinho e coração. Assim é que as estrelas podem ser atraídas... E você até chegará a ser uma delas.

6 de dezembro

Se continuarmos a pensar o bem somente de nós e dos "nossos", com exclusão dos outros e até em detrimento dos outros, continuaremos nos condenando à destruição geral, aquela que não queremos para nós e para os "nossos". Para todos, a solução que resta é amar e servir aos demais como amamos e servimos a nós e aos "nossos".

7 de dezembro

Quando fazemos *bem* ao próximo, o primeiro beneficiado, logicamente, é o mais próximo. E quem é o mais próximo senão *nós mesmos*?!

8 de dezembro

Aversão e apego têm uma causa — egoísmo, este desastroso sentimento de sermos distintos e estarmos distantes dos outros e de Deus.

9 de dezembro

Você quer evitar ou curar a doença da solidão? Vou lhe dar o segredo: cultive amor. Ajude outras pessoas. Você nunca se sentirá solitário se, renunciando a seu conforto, seu prazer, e seu lazer, tornar-se solidário com os outros.

10 de dezembro

Caridade é sinônimo de amor, de compaixão, de misericórdia, de empatia, e, portanto, fruto de impulsos e sentimentos divinos. No homem caridoso, reinam o desejo e mesmo a necessidade de fazer o outro feliz. Ele se sente tão responsável pelo bem-estar do outro como pelo seu próprio.

11 de dezembro

Há sempre pessoas desamparadas na velhice, esmagadas pela solidão ou por doenças, há sempre crianças — com futuro feliz ou incerto — que estão precisando de sua cooperação e da minha.

12 de dezembro

Os ignorantes, egoístas e materialistas empenham quase todo o tempo no preenchimento de seus desejos de *posse* e *prazer*. Até o repouso é visto como algo que atrapalha, que impõe suspensões inoportunas ao trabalhar e ao gozar. Tempo para Deus, absolutamente nenhum. Tempo para o próximo? O que é isso?! O próximo é aquele que estiver ao alcance da mão para ser explorado como um meio de se ganhar mais e curtir mais intensamente.

13 de dezembro

O ego personagem, com suas ambições, apegos, vaidades, aversões, ciúmes, inseguranças, fragilidades, fobias, ofendibilidades, prevaricações, insatisfações e instintos autocentrados, nutre o sentimento de distinção e de distância. E é exatamente o que nos fecha a porta à irrestrita comunhão com o próximo que, mesmo estando muito próximo, é afastado de nosso amor por nosso egoísmo.

14 de dezembro

Dois ignorantes se encontram e não tardam em se agredir. Dois sábios se encontram e logo se abraçam.

15 de dezembro

Se a gente nunca esquecesse que o próximo é tão próximo, tão contíguo a ponto de ser uno conosco, não precisaria haver deveres, leis, mandamentos, decretos, polícias, obrigações, decálogos, prêmios, castigos, juízes, tribunais, prisões, aplausos... Nem crimes haveria. Cada um seria incapaz de causar o menor dano ao outro, por não encontrar diante de si um outro, mas *si mesmo*. Cada um atuaria no mundo fazendo aquilo que para si mesmo deseja: *o bem*.

16 de dezembro

Ilumine-se, e depois, seguro de si, feliz, sadio, tranquilo, torne-se um centro irradiador, iluminando também a vizinhança.

17 de dezembro

Um sorriso, um aperto de mão, um "bom dia", como dizendo "eu te amo e te abençoo", a oferta de um fruto ou flor... Nosso lar é um bom campo de experiência para começar.

18 de dezembro

À noite, quando me deito, não me entrego ao sono. Entrego-me total e incondicionalmente ao Ser Supremo, para que tome conta de mim. Quando desperto, faço o mesmo.

19 de dezembro

Só o amor, consumindo *distâncias* e desfazendo *distinções*, possibilita a *re-ligação*, a *re-integração*, *re-unificação*, *re-união* ou *Yoga*. Que é religião senão a *re-ligação* do que antes estava separado, a *re-integração* do que antes era fragmentado, a *re-unificação* do que antes estava cindido, a *re-união* do que antes era dividido?

20 de dezembro

Há uma *alma-mundi*, que é a minha, a sua alma, a alma de todos. É ignorando isso que somos levados a espoliar, mentir, agredir o outro, que acreditamos suicidamente ser mesmo um outro.

21 de dezembro

Quando cada indivíduo passar a defender os direitos dos outros como defende os seus e, ao mesmo tempo, tornar-se fiel cumpridor de seu papel no mundo, isto é, seu *dharma*, a vida social vai melhorar, Surgirá daí um mundo em harmonia, um mundo *yoguin*, um mundo cristão.

22 de dezembro

É dentro da gente que o Natal precisa acontecer. Acho que o que Jesus mais deseja é encontrar corações puros e renunciantes, plenos de misericórdia e fé, oferecendo-se como santas manjedouras.

23 de dezembro

Que você, todos e eu principalmente, motivados pelo amor mais puro, possamos dar um chega pra lá no egoísmo, em nossa indiferença e alienação, para oferecermos a Ele a chance de um feliz aniversário, abrindo as portas de nossos corações, agora transformados.

24 de dezembro

Enquanto não conseguirmos nos embrulhar como presente para o aniversariante, passemos a pensar assim: é Cristo em mim presenteando o mesmo Cristo em outras pessoas.

25 de dezembro

É dia de festa. Dia de Natal, de natalício, de aniversário.
Aniversário, logo de quem! Do menino Jesus!
Então, viva o aniversariante!
É tempo de Papai Noel, nas lojas e na mente da meninada.
É tempo de comprar e vender, de faturar.
É tempo de despesas, de agitação e estresse.
É tempo de festejar comendo e bebendo.
É tempo de dar presentes, mas sempre para os outros e nunca para o aniversariante.
Dar presentes para quem?
Para os meus, para aqueles a quem quero bem, ora!
E para o aniversariante? Nada?
Senhor! É absurdo que ainda não Te deixem entrar na tua festa.

26 de dezembro

Que as dificuldades do caminho e a brevidade da existência não nos desencorajem, para que, vistosamente paramentados com as vestes da pureza, da renúncia e da compaixão universal, da humildade e da devoção, algum dia possamos oferecer-lhe pelo menos um pouco do que Ele, há quase dois mil anos, está teimosa e pacientemente aguardando.

Chega do vexame de celebrar o Natal sem o Cristo, não é mesmo?!

27 de dezembro

Cada relato dramático que li, cada grito de socorro que em meu coração escutei serviram para sensibilizar-me, para dar-me empatia, para fecundar minha alma, fazendo minha compaixão crescer. Não poderia ficar alheio ao sofrimento, que costumamos chamar alheio, mas que em realidade é nosso também.

28 de dezembro

É certo que somente depois de ter reduzido e até eliminado a lamentável ilusão de ser *diferente* e de estar *distante* de todos pode alguém deliciar-se o céu do amor irrestrito a tudo e a todos. Tudo o que Jesus ensinou e exemplificou aos homens teve um propósito: libertá-los da funesta ilusão de serem *distintos* e estarem *distantes* de tudo, de todos e, o que é mais desastroso, do próprio Deus.

29 de dezembro

Cada encontro teu com alguém deve tornar-se um ato de genuína religiosidade. Nunca esqueças: é Deus encontrando Deus.

30 de dezembro

Acho que entendo por necessário dar sabor, fertilidade, segurança, prosperidade, iluminação e alegria aos de minha casa, de minha cidade, de meu país, finalmente aos de toda a Terra. Em retribuição ao muito que já recebi, tenho de começar a dar, doar e perdoar, e nunca mais ficar parasitando, negando-me... Entendo que se eu não der o que vim para dar, tal como o sal que é descartado porque já não fertiliza o solo, não tempera nem conserva os alimentos, minhas qualidades e meus talentos fenecerão e, finalmente, quem perderá serei eu. Pelo mesmo motivo, reconheço que tenho de me empenhar em acender minha própria luz, não para meu proveito somente, mas para o de todos os meus companheiros de humanidade.

31 de dezembro

Entre os hindus há uma forma de cumprimentar que eu gostaria que se universalizasse, tanto que unisse os homens em compreensão e amor. Eles dizem uns aos outros Namastê. Namastê quer dizer "Deus em mim saúda Deus em você"; "Deus em mim ama Deus em você"; "Deus em mim serve Deus em você"; "Deus em mim *sabe* Deus em você"; "Você e eu somos um, em Deus"!

Este livro foi composto na tipologia Cronos
Pro Regular, em corpo 12/17, e impresso
em papel off-white no Sistema Cameron
da Divisão Gráfica da Distribuidora Record.